1일 1장
뽑아 쓰는 냅킨 경제학

NAPKIN FINANCE

Copyright ⓒ 2019 by Tina Hay
All rights reserved.

Korean translation copyright © 2022 by Gilbut Publishing Co.,Ltd
Korean translation rights arranged with UNITED TALENT AGENCY through EYA (Eric Yang Agency).

이 책의 한국어판 저작권은 EYA(Eric Yang Agency)를 통한 UNITED TALENT AGENCY 사와의 독점계약으로 (주)도서출판 길벗이 소유합니다.
저작권법에 의하여 한국 내에서 보호를 받는 저작물이므로 무단전재 및 복제를 금합니다.

하버드 학생들도 곁에 두고 보는 경제 비밀노트

일러두기

이 책은 완벽한 투자 안내서가 아니며 전문가의 의견을 대체할 수 없습니다. 모든 투자에는 위험이 따르므로 이 책에 소개된 투자법으로 이익이 창출된다는 보장은 없습니다. 이 책에 실린 투자법으로 인해 발생한 손실에 대해 출판사와 저자는 책임지지 않습니다. 투자 실행은 자신의 판단과 책임하에 이뤄져야 함을 명심하시기 바랍니다.

프롤로그

우주에서 제일 쉬운
냅킨 경제 수업

왜 냅킨에 그림을 그렸을까요?

'가벼운 냅킨 한 장에 경제 그림을 그려보자!'라는 생각은 제가 하버드 MBA에서 경영학 석사과정을 밟을 때 느꼈던 어려움에서 출발했습니다. 저는 UCLA_{University of California, Los Angeles}에서 영화를 공부했기에 다른 은행원이나 컨설턴트 출신 학생들과는 경제공부의 출발점이 달랐습니다. 또한 흔히 말하는 '숫자나 문자 하나 하나를 따져가며 배우는 학습자'가 아니라, 오히려 하나의 덩어리나 장면을 인식하며 '눈으로 배우는 시각적 학습자'이기 때문에 더욱 어려움을 느꼈지요.

어떻게 공부하면 좀 더 쉽고, 빠르고, 재미있게 경제원리를 익힐 수 있을까 생각하던 저는 개인적으로 냅킨 몇 장에 경제 관련 주제를 알아보기 쉽게 그림을 그리기 시작했는데, 이것이 '냅킨 파이낸스'의 시작이었습니다.

냅킨 한 장에 경제원리가 쏙쏙

총 11개의 장으로 구성되어 있는 이 책은 기초용어부터 재테크, 경영용어, 가상화폐, 연금, 세금 등 경제 개념을 쉽게 설명하고 있습니다. 해당 용어의 원리를 먼저 냅킨의 그림으로 한눈에 보여주고 짧은 설명을 이어갑니다. 각 장의 마지막에 있는 퀴즈는 앞서 배운 것들을 다시금 복기할 수 있게 해줍니다.

한 장의 냅킨으로 시작된 경제 이야기는 수천 명의 사람들이 금융문맹에서 벗어나 스스로의 자산계획, 더 나아가 예상가능한 미래를 설계하도록 돕고 있습니다. 급할 때 쏙쏙 뽑아 쓰는 냅킨처럼 하루 한 장씩, 펼쳐서 보기만 하세요. 마치 중요한 화면을 캡쳐한 것처럼 당신의 눈, 그리고 머릿속에 경제원리가 찰칵! 저장될 것입니다.

추천사

"경제를 알고 세상에 나가면 일상이 다르게 보일 것이다. 정말 쉽고 재미있는 책이다. 이 책을 만난 건 Better Make Room과 나에게 큰 행운이다."

―미셸 오바마 Michelle Obama

"이자와 저축, 그리고 은행과 부채처럼 누구나 잘 안다고 생각하지만 실상은 정확히 모르는 경제상식을 알기 쉽게 도표로 보여준다. 금융문맹 치료를 위한 특효약!"

―홍춘욱, 이코노미스트, 《돈의 역사는 되풀이된다》《디플레전쟁》 저자

"나는 어렵게 깨달은 돈 지식이 이 책에 고스란히 담겨있다. 심지어 저자가 정성껏 꼭꼭 씹어서, 누구나 쉽게 받아먹을 수 있도록 풀어주었다. 이 책은 젊은 이들의 경제적 결핍을 채워주는 역할을 할 것이다. 아들아! 이 책으로 아버지와 다시 돈 공부하자."

―정선용, 《아들아, 돈 공부해야 한다》 저자

"세상을 살아가는 데 금융 지식이 필수라는 것을 모르는 이는 이제 많지 않을 것이다. 경제와 금융 공부는 범위가 넓고 낯선 분야라는 인식 때문에 접근하기 어려워한다. 경제 초보인 당신에게 이 책은 그런 심리적 장벽을 넘게 해준다."

―김성일, 《마법의 연금 굴리기》 저자

"어디서부터 시작해야할지 몰라 어렵게만 느껴지는 경제와 금융도 이 책을 통해 냅킨을 뽑듯 쉽고 재미있게 배울 수 있을 것이다."

―옥효진, 《세금 내는 아이들》 저자

"이 책은 재미있는 형식으로 복잡하고 어려운 경제 세계에 한 발, 한 발 다가갈 수 있게 해준다!"

―미히르 데사이Mihir Desai, 하버드 MBA 교수, 《하버드 경영대학원 교수의 금융 수업》 저자

"매력적이고, 이해하기 쉽고, 유익한 경제책을 만들어냄으로써, 저자는 진정한 경제공부에 대한 해결책을 생각해냈다."

―누리엘 루비니Nouriel Roubini, 뉴욕대학교 경제학 교수

"냅킨 파이낸스는 재정적으로 박식해지기 위한 가장 쉬운 방법이다. 돈 공부가 어떻게 이렇게 간단하고 재미있을 수 있을까?"

―닐리 갈란Nely Galán, 〈뉴욕타임즈New York Times〉 베스트셀러 《셀프 메이드Self Made》 저자

"티나 헤이는 예술 작품, 교과서, 코미디 작품 등 완전히 독특한 것을 한데 모았다."

―파르누쉬 토라비Farnoosh Torabi, 팟캐스트 '소 머니So Money' 진행자

"경제상식의 많은 분량을 단순함과 유머로 소화하고 있다. 많은 투자자에게 도움이 되는 출발점이 될 것이다."

―벤 스타인Ben Stein, 교사, 작가, 배우, 해설가

"저축과 투자에 대한 재미있는 이야기를 소개한다. 이것은 내가 몇 년 동안 읽은 책 중, 최고의 개인 금융 입문서다." ―폴 브라운Paul Brown, 〈뉴욕타임즈〉

"냅킨 파이낸스 형식은 시각적 효과가 뛰어나서 복잡한 경제 주제를 덜 부담스럽게 만든다. 금융 분야에서 좀처럼 찾아보기 힘든 요소인 유머도 있다."

―마크 포티어Mark Pothier, 〈보스턴 글로브Boston Globe〉

차례

프롤로그　005

1장　재테크학 개론

복리 014 | 저축 019 | 예산 024 | 부채 029 | 이자 033 | 은행 037 | 비상금 041 | 보험 046 | 1장 퀴즈 050

2장　나 못 믿어요?

신용 058 | 신용카드 062 | 신용점수 높이기 066 | FICO 점수 070 | 2장 퀴즈 074

3장　무릎에서 사서 어깨에서 판다

투자 080 | 자산군 085 | 분산 투자 090 | 위험과 보상 094 | 자산 배분 099 | 로보어드바이저 104 | 3장 퀴즈 108

4장　짜릿한 롤러코스터

주식 116 | 주식시장 121 | 불마켓과 베어마켓 126 | 펀드 131 | ETF 137 | 채권 141 | 기업공개 145 | 4장 퀴즈 150

5장   모두의 경제학

GDP 158 | 인플레이션 162 | 경기 침체 167 | 연준 172 | 5장 퀴즈 177

6장   순이익 또는 순손실

재무제표 184 | 손익계산서 188 | 재무상태표 192 | 부채 197 | 6장 퀴즈 201

7장   디지털화폐

암호화폐 206 | 비트코인 211 | 암호화폐공개 216 | 블록체인 221 | 7장 퀴즈 226

8장   재테크 유식자 되기

72의 법칙 232 | 크라우드펀딩 236 | 사회 환원 241 | 헤지펀드 246 | 보이지 않는 손 251 | 게임 이론 256 | 8장 퀴즈 261

9장 　 잘 생각해서 신고하세요

세금 268 | 연말정산 273 | 소득공제 278 | 9장 퀴즈 283

10장 　 빛나는 노후를 위해

은퇴자금 준비하기 288 | 개인연금과 퇴직연금 293 | 사회보장제도 297 | 10장 퀴즈 302

11장 　 크게 한판 벌여보자

사업 308 | 스타트업을 시작하는 법 313 | 사업계획서 318 | 스타트업 자금 조달 323 | 11장 퀴즈 328

에필로그　 333
참고문헌　 334

1장
재테크학 개론

경제 기초 용어를 아는 게 부자가 되는 첫걸음이다

복리

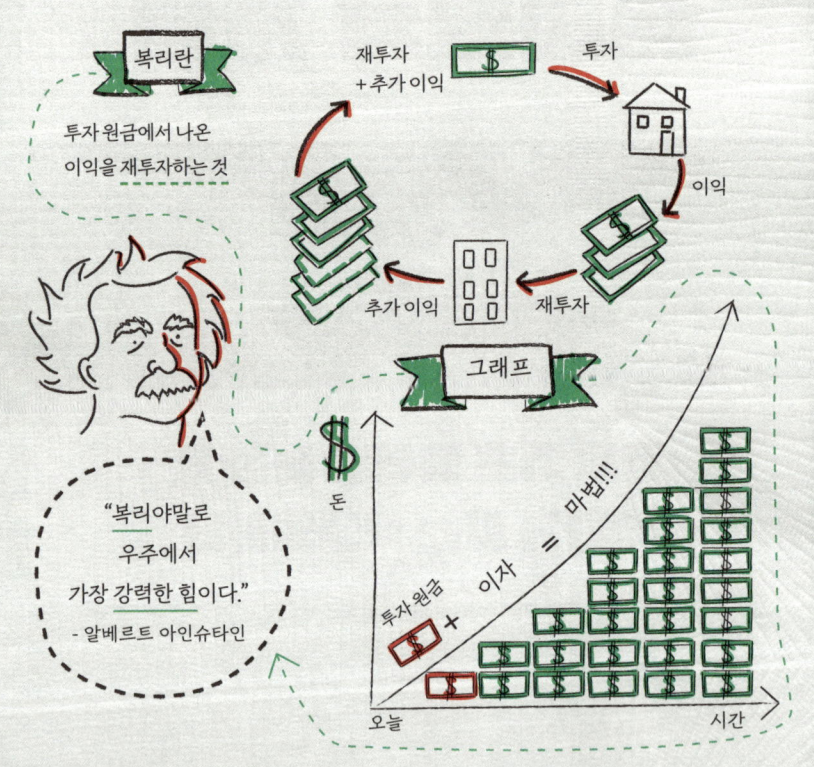

01
복리

Compound Interest

이자가 뭔지는 아실 겁니다. 은행에 예금을 하면 나중에 돈을 조금 더 보태서 돌려받죠. 예를 들어 1,000달러를 예금했는데 이자가 연 2%라고 하면, 1년 후에 20달러를 버는 겁니다. 원금에 이자를 보태 1,020달러가 되는 거죠.

그 돈을 통장에 그대로 두면 다음 해에는 맨 처음 원금 1,000달러가 아니라 1,020달러에 2% 이자가 붙습니다. 그래서 20달러가 아니라 20달러 40센트를 벌게 되죠(이거야말로 돈 놓고 돈 먹기!). 이렇게 통장 잔액이 늘어나면서 이자가 더 붙는 것, 즉 이자에도 이자가 붙는 것을 복리라고 합니다.

복리는 돈을 기하급수적으로 불리는 마법입니다. 고작 40센트 더 받는 게 뭐 대단하냐고 생각할 수도 있지만, 시간이 지날수록 액수가 점점 커져 상상을 초월하는 결과를 가져옵니다.

1만 달러 vs. 0.01달러

오늘부터 한 달 동안 매일 1만 달러씩 받는 것과 1센트로 시작해서 매일 2배씩 늘려서 받는 것 중 하나를 선택하라면, 당신은 어떻게 하시겠습니까?

1만 달러씩 받으면 한 달 후 총액이 31만 달러가 되지만, 매일 2배씩 받으면 무려 1,073만 7,418달러가 됩니다. 현금계수기에 불이 나겠군요! 이게 바로 복리의 위력입니다.

돈이 더 많이 불어나게 하는 법

돈이 불어날수록 복리의 위력도 커집니다(물론 불어난 돈을 인출하지 않고 계속 넣어둘 때의 얘기죠). 여기에 가속엔진을 다는 방법 세 가지가 있습니다.

- 더 높은 이율(금리)로 이자를 받는다.
- 계속해서 돈을 더 넣는다.
- 돈이 불어날 시간을 준다.

재미있는 사실
- 복리는 기원전 2000년경 고대 바빌로니아에서 발명된 것으로 추정됩니다. 바퀴의 발명보다 조금 늦었어요.
- 원금이 2배가 되려면 몇 년이 걸릴까요? 72를 이율로 나누면 대략적인 답을 알 수 있습니다. 이른바 '72의 법칙'이죠(8장에서 다시 설명하겠습니다).

핵심 정리
- 복리는 이자에 대해서도 이자가 붙는 것(또는 이자에 대해서도 이자를 내는 것)입니다.
- 복리는 돈을 엄청나게 불리는 위력이 있기 때문에 '복리의 마법'이

라고 흔히 말합니다.
- 복리의 위력을 키우려면 더 높은 이율로 이자를 받고, 계속해서 돈을 더 넣고, 시간을 장기로 하면 됩니다.

부모님께 용돈을 복리로 달라고 했더니 너도 이제 서른 살이나 먹었으니 나가라고 하셨다. – 냅킨 파이낸스

저축

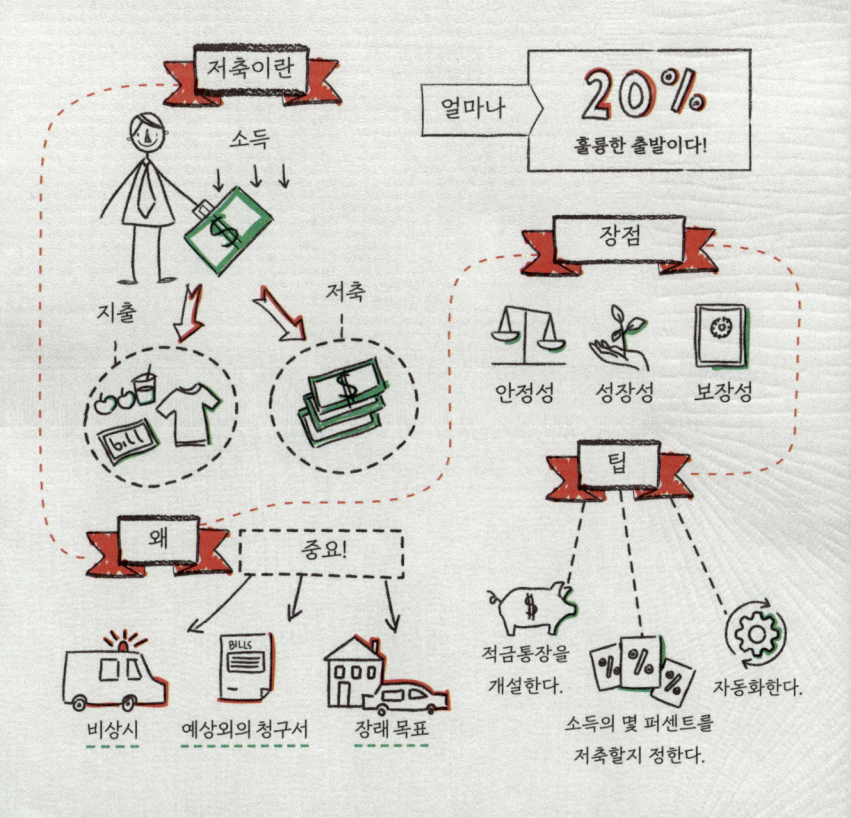

02
저축
Savings

저축은 돈을 아껴 모으는 것입니다.

살다 보면 좋은 일이든 나쁜 일이든 뜻하지 않은 일이 생기기 마련이죠. 저축은 비상사태, 예상외의 지출, 의료비, 장래 목표에 쓸 현금을 확보하는 수단입니다. 무엇보다 경제적으로 안정된 삶을 살려면 저축은 필수입니다.

"쓰고 남은 돈을 저축하지 말고, 저축하고 남은 돈을 쓰라."
— 워런 버핏 Warren Buffett, 억만장자 투자가

적금 통장을 만들자

저축은 훌륭한 습관입니다. 땀 흘려 번 돈을 적금 통장에 넣으면 이런 점이 좋습니다.

- 안정성: 적금 통장은 원금에 손실이 생기지 않는다(돈을 고스란히 보관하는 게 목적이니까).
- 성장성: 적금 통장은 이자가 쌓이면서 잔액이 증가한다.
- 보장성: 은행에 맡긴 돈은 국가에서 연방예금보험공사FDIC를 통해 은행별로 최대 25만 달러까지 보호해준다(한국은 예금보험공사를 통해 은행별로 최대 5,000만 원까지 보호된다 - 옮긴이).

저축 꿀팁

저축을 잘하는 팁이 있습니다.

- 적금 통장을 개설한다: 적금 통장을 만들어서 소비를 위한 돈과 분리해놓으면 그만큼 돈을 꺼내 쓰고 싶은 유혹을 덜 느끼게 된다. 가능한 금리가 높고 각종 수수료가 저렴하거나 면제되는 통장을 선택하고, 혹시 잔액을 최소한 얼마로 유지해야 한다는 조건이 붙거나 출금에 제약이 따른다면 현재 내 형편에 맞는지도 잘 따져보자.

- 비율을 정한다: 월 예산을 고려하여 급여에서 몇 퍼센트를 저축할지 정하자. 단 1%라도 좋다. 참고로 전문가들이 권하는 비율은 20%정도다.
- 자동화한다: 급여 통장에서 적금 통장으로 돈이 자동이체되게 해놓는다. 급여가 들어오자마자 적금 통장으로 들어가면 쓰고 싶어도 쓸 수가 없다.

재미있는 사실

- '지름신'은 힘이 셉니다. 많은 이들이 스트레스를 풀려고 과소비를 하는데, 이를 의지만으로 제어하긴 어려운 지경에 이르기도 합니다. 이럴 땐 지름신의 천적, 저축으로 대응하세요.
- 카드 말고 현금을 쓰면 지출이 줄어드는 효과가 있습니다. 돈을 일일이 세고 있으면 카드를 긁을 때보다 돈이 나간다는 기분이 강하게 들거든요.
- 미국인 중 대부분은 저축액이 1,000달러 미만입니다. 맙소사!

핵심 정리

- 경제적으로 안정된 삶을 살려면 미래를 위한 저축이 반드시 필요합니다.

- 적금 통장을 만들면 돈을 아끼면서 안전하게 보관할 수 있고, 덤으로 이자까지 붙습니다.
- 일정한 비율로 급여가 적금 통장으로 자동이체되게 하면 적금을 유지하기가 쉽습니다.

> 돈 모으는 비법을 알려주지. 쓰지 마!
>
> – 냅킨 파이낸스

예산
지출 및 저축 관리

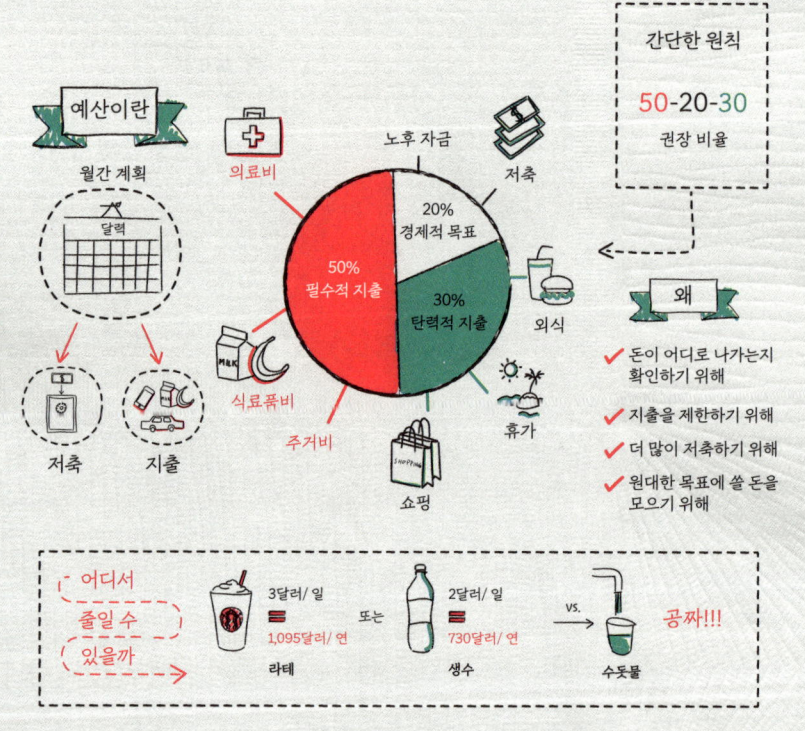

03
예산

Budget

예산은 돈을 더 잘 쓰고 잘 모으기 위해 세우는 계획입니다. 돈을 어디에 얼마까지 쓸지 정하는 거죠. 예산은 재산을 늘리는 데 큰 도움이 됩니다. 일단은 버는 금액보다 더 많이 쓰는 것을 막을 수 있으니까요.

예산을 세우면 이런 점이 좋습니다.

- 내가 어디에 돈을 쓰는지 더 정확하게 알 수 있다('아니, 내가 커피 테이크아웃을 이렇게 많이 했어?' 깨닫게 된다).
- 꼭 필요한 데 쓸 돈을 확보하고, 안 써도 되는 데 쓰는 돈을 제한할 수 있다.
- 저축을 늘릴 수 있다.

- 빚을 갚기 위한 돈과 원대한 목표를 이루기 위한 돈을 더 많이 확보할 수 있다.

"사소한 지출을 경계하라. 작은 구멍 하나가 큰 배를 침몰시킨다."

― 벤저민 프랭클린 Benjamin Franklin, 정치가

예산 세우는 법

개인의 예산은 다음과 같은 방법으로 세울 수 있습니다.

- 1단계: 매달 세금을 뺀 소득이 얼마인지 확인한다.
- 2단계: 한두 달 정도 지출 내역을 기록하면서 한 달에 얼마를, 주로 어디에 쓰는지 확인한다. 이때 가계부나 앱을 이용하면 더 쉽게 확인할 수 있다.
- 3단계: 돈의 사용처를 몇 가지 범주로 나누고, 각 범주의 월간 지출 한도(예: 외식은 월 200달러까지)를 정한다.
- 4단계: 정해진 한도를 지킨다. 앱을 이용하면 한도에 도달했을 때 알람이 울린다.
- 5단계: 지출을 의식하는 습관이 잡혔다면, 이제 지출을 더 줄일 만한 곳을 찾아본다.

50-20-30 법칙이란?

예산을 세울 때는 앞서 말한 대로 각 범주에 얼마를 쓸지 잘 결정해야 합니다. 이때 간단히 적용할 수 있는 방법이 '50-20-30' 법칙입니다. 소득을 다음과 같이 나눠 쓰는 거죠.

- 필수적 지출에 50%: 월세, 공과금, 식료품비, 의료비 등
- 경제적 목표에 20%: 대출금 상환, 계약금 마련, 노후 대비 등
- 탄력적 지출에 30%: 오락, 휴가, 외식, 비필수적 재화 구입 등

재미있는 사실
- 영어에서 예산을 뜻하는 '버짓budget'은 '가죽 주머니'라는 뜻의 프랑스어 '부제트bougette'에서 왔습니다.
- 미국인들은 가구당 반려동물에 연평균 710달러, 알코올에 558달러를 쓰는 반면 독서에 쓰는 돈은 110달러에 불과합니다.

핵심 정리
- 예산은 무엇에 얼마를 쓰겠다는 계획입니다.
- 예산을 세우면 소득보다 적게 지출할 수 있습니다.
- 예산을 세울 때 비율을 어떻게 정해야 할지 고민된다면 50-20-30 법

칙을 따도 좋습니다.
- 앱을 이용하면 더 쉽게 지출을 기록하고 한도를 지킬 수 있습니다.

> 제발 넷플릭스에서 드라마 고르는 시간만큼이라도
> 예산을 짜는 데 쓰세요!   - 냅킨 파이낸스

부채

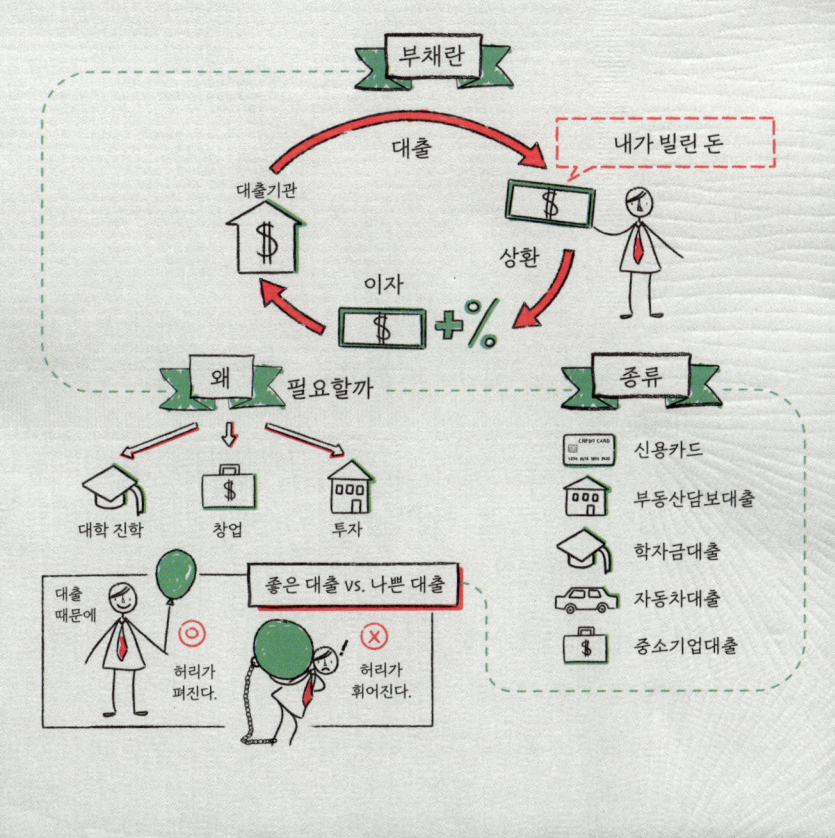

04
부채

Debt

대출은 돈을 빌리는 것입니다. 돈을 빌릴 때는 보통 언제까지 갚겠다고 약속합니다. 그 날짜를 만기일이라고 합니다. 그리고 일반적으로 원금만 갚는 게 아니라 이자노 내야 합니다.

우리는 살면서 여러 종류의 부채를 이용합니다. 흔히 쓰는 부채는 다음과 같습니다.

- 신용카드: 신용카드를 쓰면 돈을 빌리는 것이고, 신용카드 대금을 납부하면 돈을 갚는 것이다.
- 부동산담보대출: 부동산을 사기 위해 빌리는 돈이다. 보통 10~30년에 걸쳐 상환한다.

- 학자금대출: 대학교나 대학원에 다니기 위해 빌리는 돈이다.
- 자동차대출: 차를 구입할 때 빌리는 돈이다.
- 중소기업대출: 기업도 돈을 빌린다. 중소기업대출은 특히 신생 기업에 도움이 된다.

> "아무도 당신의 생사에 관심이 없는 것 같다면 자동차 할부금을 딱 한 달만 연체해보라."
> – 얼 윌슨Earl Wilson, 작가

좋은 부채와 나쁜 부채

일반적으로 어떤 부채가 좋은지 나쁜지는 금리가 얼마인지, 빚을 지는 목적이 현명한 투자인지 아닌지를 생각해보면 알 수 있습니다.

	부동산담보대출	국가학자금대출	신용카드 대금
좋은 부채일까, 나쁜 부채일까?	좋다.	좋다.	나쁘다.
이율은?	낮다.	낮다.	높다.
현명한 투자인가?	그렇다. 집값이 상승할 가능성이 크다. 내 집이 있으면 경제적 안정성이 커진다.	그렇다. 대학 교육을 받으면 소득 수준이 높아질 수 있다.	아니다. 오늘 아침에 먹은 값비싼 브런치 코스가 맛있긴 했지만 남는 건 아무것도 없다.

재미있는 사실

- 미국의 가계부채는 약 13조 달러이며 항목별로는 부동산담보대출 9조 달러, 학자금대출 1.5조 달러, 자동차대출 1.2조 달러입니다.
- 미국인들이 신용카드 대금을 최소 금액만 납부하면서 모두 갚으려면 가구당 평균 12년이 걸립니다(미국은 신용카드 할부가 없는 대신 우리나라의 일부 결제 금액 이월약정[일명 리볼빙]과 비슷하게 매월 카드 대금 중 정해진 최소 금액만 납부하고 나머지는 다음 달로 이월할 수 있다 - 옮긴이).

핵심 정리

- 부채는 남에게 빌렸기에 반드시 갚아야 하는 돈으로, 보통은 이자도 함께 냅니다.
- 내부분의 사람은 살다 보면 학자금대출, 신용카드 빚, 부동산담보대출 같은 부채를 써야 할 때가 있습니다.
- 어떤 부채가 좋은지 나쁜지는 이율이 높으냐 낮으냐, 부채의 사용처가 현명한 투자냐 아니냐에 달렸습니다.

모든 빚이 나쁜 건 아니다. 싸잡아서 나쁘다고 말하면 억울해할 빚도 있다.
— 냅킨 파이낸스

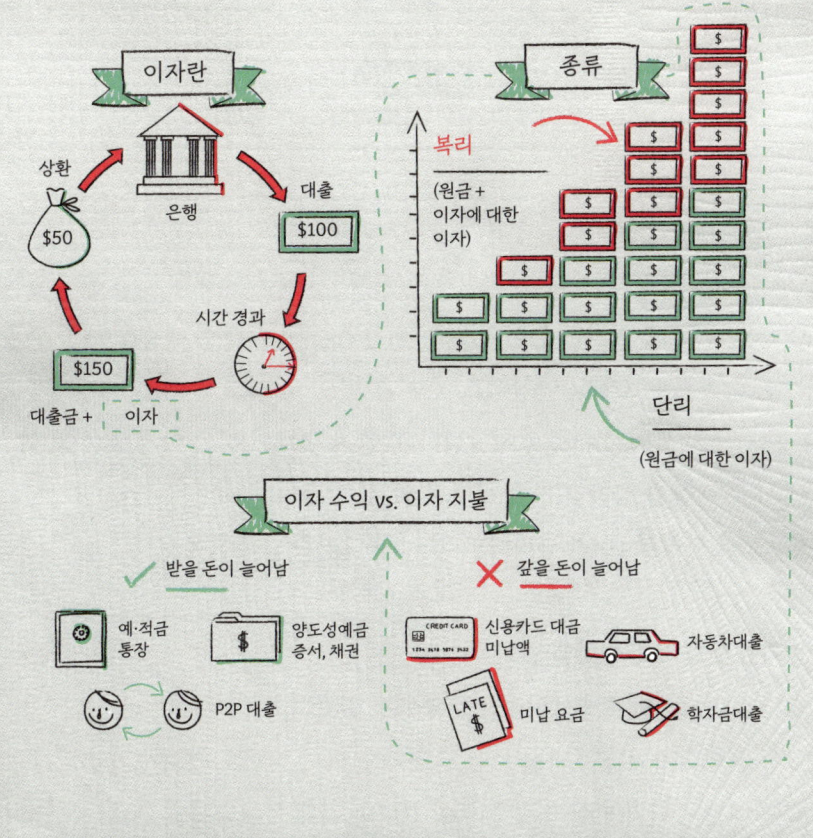

05
이자

Interest

대출을 받을 때 이자는 돈을 빌리는 비용입니다. 반대로 대출을 내줄 때는 돈을 빌려주고 얻는 이익이죠.

이자는 비율(예: 5%)로 표시합니다. 대출자가 내야 하는 이자는 이 비율에 대출 원금과 상환 기간을 곱하면 알 수 있습니다. 예컨대 1,000달러를 연 5%의 금리로 1년간 빌렸다면 총 1,050달러를 갚아야겠죠.

이자를 받을 때와 이자를 낼 때

살다 보면 이자를 받을 때도 있고 낼 때도 있습니다.

돈을 빌려주거나 투자할 때는 금리가 높아야 이익도 커져서 좋습니다. 빌릴 때는 금리가 낮아야 갚을 돈이 그나마 적게 늘어나서 좋고요.

이자를 받는 경우	이자를 내는 경우
이자가 붙는 통장에 돈을 넣어놓았다.	신용카드 대금을 미납했다.
양도성예금증서(CD), 채권 등 이자가 붙는 투자 상품을 보유하고 있다.	주택 구입, 대학 진학, 차량 구입을 위해 돈을 빌렸다.
온라인에서 P2P 대출 상품에 투자하거나 친구에게 이자를 받기로 하고 돈을 빌려줬다.	공과금을 제때 납부하지 않아 연체료가 붙기 시작했다.

두 종류의 이자

'단리'는 대출 원금을 기준으로 계산합니다. '복리'는 원금에 누적 이자를 합산한 금액을 기준으로 합니다.

그래서 금리를 대충 보면 안 됩니다. 돈을 빌리기 위해 금리가 낮은 상품을 찾을 때든 돈을 빌려주기 위해 금리가 높은 상품을 찾을 때든 간에 단리는 단리끼리, 복리는 복리끼리 비교하세요.

재미있는 사실

- 드물긴 하지만 간혹 금리가 마이너스인 상품도 있습니다. 은행이 돈을 빌리는 사람에게 돈을 주거나 돈을 맡기는 사람한테서 보관료를

받는 거죠.
- 이슬람 율법(샤리아)에서는 이자를 주고받는 게 금지되어 있습니다. 그래서 샤리아를 준수하는 은행에서는 통장을 개설할 때 금리 대신 '목표 수익'을 안내합니다.

핵심 정리
- 이자는 돈을 빌리는 비용입니다.
- 이자는 돈을 빌릴 때는 손실이 되고, 돈을 빌려줄 때는 이익이 됩니다.
- 돈을 빌리거나 빌려줄 때는 단리는 단리끼리, 복리는 복리끼리 비교하세요.

빌릴 때는 낮은 이율을 원하고 빌려줄 때는 높은 이율을 원하는 게 이율배반적인 건 아니에요.   - 냅킨 파이낸스

은행

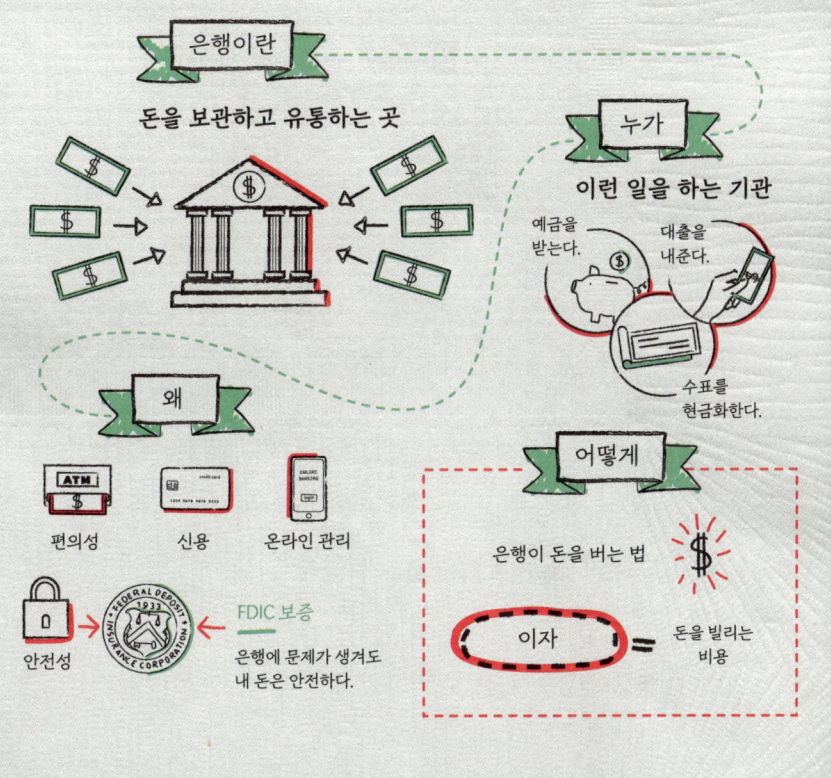

06
은행

Banks

은행은 예금을 받고, 수표를 현금화하고, 대출을 내주는 기관입니다. 간단히 말해 돈을 안전하게 보관하고, 금전 거래의 기본적인 역할을 하는 곳이라고 할 수 있죠.

은행의 장점
은행의 계좌와 서비스를 이용하면 이런 점이 좋습니다.

- 안전성: 은행에 맡긴 돈은 보통 25만 달러까지 보호된다(한국에서는 은행별로 5,000만 원까지 보호된다 - 옮긴이).
- 편의성: 돈을 쉽게 맡기고 쉽게 찾을 수 있다.

- 온라인 관리: 은행 웹사이트나 앱으로 계좌를 관리할 수 있다.
- 간편한 송금: 결제 앱에 계좌를 연동하면 친구에게 콘서트 티켓값을 쉽게 보낼 수 있다.
- 대출 신청: 신용카드나 부동산담보대출을 신청할 수 있다.

예금자 보호

은행에 맡긴 돈은 안전합니다. 미국 정부가 연방예금보험공사 FDIC를 통해 은행별로 1인당 최대 25만 달러를 보호해주기 때문입니다. 그래서 은행의 파산으로(그럴 가능성은 희박하지만) 내 돈이 날아가도 25만 달러까지는 돌려받을 수 있습니다.

> "은행은 굳이 돈을 안 빌려도 된다는 걸 증명할 수 있는 사람에게만 돈을 빌려주는 곳이다."
>
> – 밥 호프 Bob Hope, 코미디언

은행이 돈을 버는 법

은행은 개인과 기업에 돈을 빌려주고 이자를 받습니다(그리고 각종 수수료로도 돈을 버니까 수수료를 안 내고 싶으면 약관을 잘 읽어보세요). 이런 이자 수입이 있기에 우리가 통장에 넣어둔 돈에 대해 소액의 이자를 지급할 수 있는 거죠.

재미있는 사실

- 이탈리아의 크레디토에밀리아노 Credito Emiliano 은행에서는 파르메산 치즈를 담보로 대출을 내줍니다.
- 겨우 1달러를 노리고 은행을 터는 사람이 있을까요? 2011년 미국 노스캐롤라이나주, 2013년 오리건주에서 그런 사건이 발생했습니다. 감옥에 가면 무상 의료를 받을 수 있어서 그랬다는군요.

핵심 정리

- 은행 계좌가 있으면 돈을 관리하기가 한결 쉬워집니다.
- 일반적으로 은행에 맡긴 돈은 미 연방예금보험공사를 통해 25만 달러까지 보호되기 때문에 은행이 망해도 안전합니다.
- 은행은 대출에 대한 이자로 수익을 올립니다.

온라인 뱅킹을 이용하면 속옷 바람으로 돈을 보낼 수 있죠.

— 냅킨 파이낸스

비상금

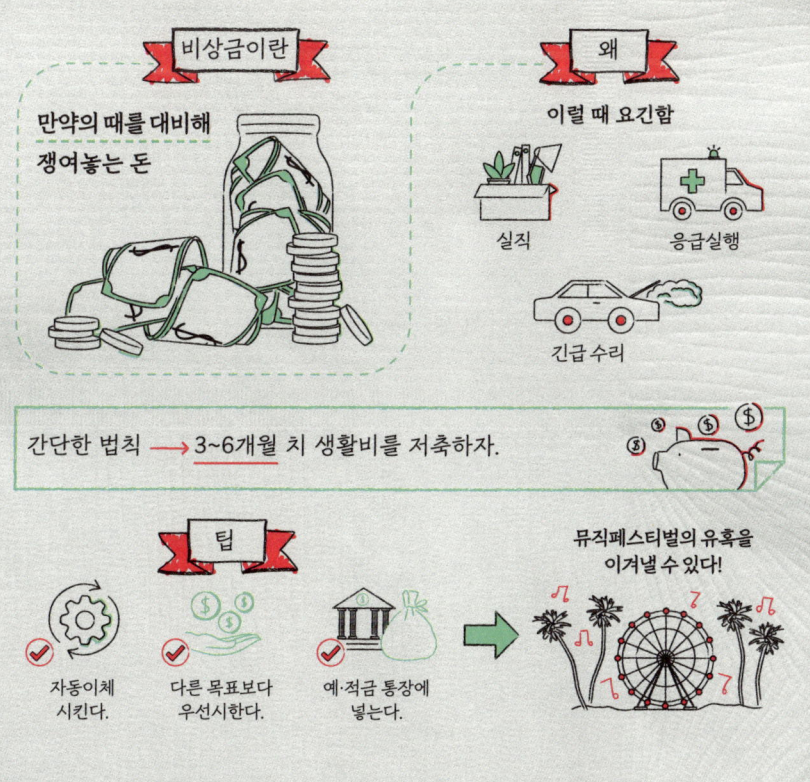

1장 재테크학 개론

07
비상금

Emergency Fund

비상금은 '만약의 때'를 대비해 쟁여놓는 돈입니다.

비상금이 중요한 이유

비상금은 이럴 때 필요합니다.

- 일자리를 잃었을 때
- 차가 고장 났을 때
- 응급실에 갔을 때

비상금이 있으면 인생이 예고 없이 날리는 주먹을 피할 수 있고, 자칫

하면 경제적으로 나락에 떨어질 위기를 모면할 수 있습니다.

비상금을 모으는 법
전문가들은 3~6개월 치 생활비를 비상금으로 모아놓기를 권장합니다. 물론 형편에 따라 개월 수를 줄이거나 늘려도 됩니다.

비상금을 줄여도 되는 경우	비상금을 늘려야 하는 경우
보험을 두둑하게 들어놨다.	보험을 거의 안 들었다.
실직하면 부모님 집에 얹혀살 수 있다.	실직하면 당장 갈 곳이 없다.
나 하나만 건사하면 된다.	딸린 식구가 있다.
다른 자산이 많아서 경제적 타격을 버틸 수 있다.	이미 경제적으로 다소 위태로운 상황이다.

비상금 모으는 꿀팁
비상금을 모으지도 못하고 써버리는 때가 많다고요? 그럼 이렇게 해보세요.

- 비상금을 최우선으로 확보한다. 많은 전문가가 일단 비상금부터 모

은 후에 다른 목표(예: 노후 자금 마련)를 추구해야 한다고 말한다.
- 예·적금 통장에 보관한다. 그러면 돈을 안전하게 지키면서 필요할 때 꺼내 쓸 수 있고 이자도 붙는다.
- 비상금이 다 모일 때까지 급여 통장에서 자동이체되게 해놓는다.

비상금을 써야 할 때

너무나 좋아하는 가수의 뮤직페스티벌 티켓의 매진이 임박했다고요? 갖고 싶었던 게임기가 나왔다고요? 빵집에서 갓 구운 스콘 냄새가 진동한다고요? 아니요, 그건 비상으로 안 쳐줍니다. 정말로 돈을 안 내면 큰일 나는 상황이 아닌 이상 비상용 돼지저금통을 깨지 마세요.

예측 가능한 지출에도 비상금은 안 쓰는 게 좋습니다. 자가용이 조만간 수명을 다할 것 같다면, 그때 가서 비상금을 털지 않아도 되게 미리 신차 구입 자금을 모으세요.

재미있는 사실
- 미국 성인 5명 중 2명 정도가 당장 400달러의 급전도 조달할 수 없는 형편입니다.
- 미국인이 비상금을 쓰는 용도 1위는 집수리, 2위는 차 수리입니다.

핵심 정리

- 비상금은 말 그대로 비상시에 쓰기 위한 돈입니다.
- 3~6개월 치 생활비를 비상금으로 모아두세요.
- 비상금은 쉽게 찾아서 쓸 수 있는 예·적금 통장 같은 곳에 보관해야 합니다(이 장의 '저축' 부분 참고).

비상금을 비상시에만 쓰려면 비상한 자제력이 요구된다.

– 냅킨 파이낸스

보험

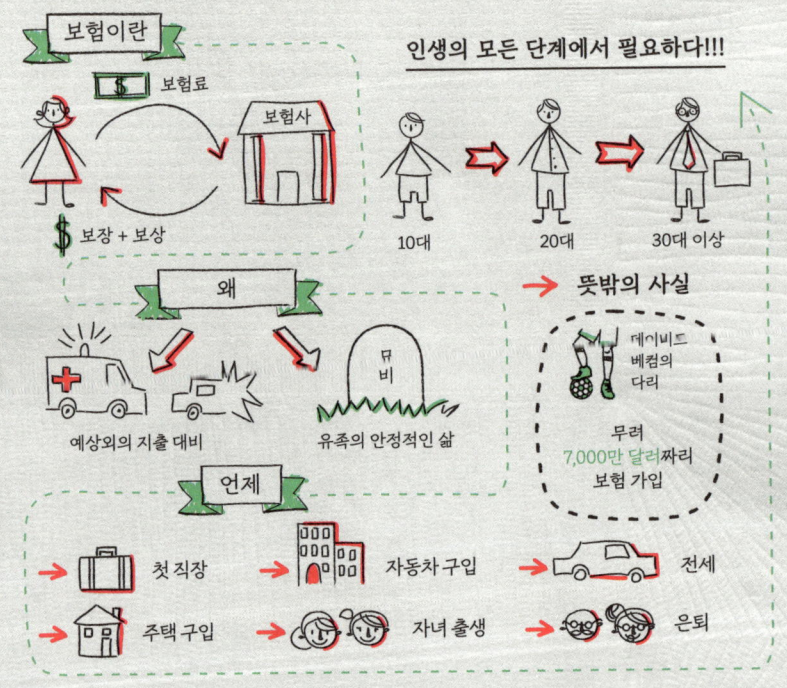

08 보험

Insurance

보험은 경제적 보호막입니다. 비상금과 함께 사고, 질병, 화재, 가족의 죽음 같은 불상사가 닥쳐도 경제적으로 추락하지 않게 붙잡아주는 안전망이 됩니다.

보험에 가입하면 정기적으로 일정한 금액(보험료)을 보험사에 지불하게 됩니다. 그 대가로 보험사는 향후에 피보험자가 약관에서 보장하는 손실에 대한 보상(보험금)을 청구하면 정해진 금액을 지급하거나 손실액을 전액 또는 일부 보전해줍니다.

보험이 필요한 순간들

보험은 인생에 전환점이 생길 때마다 적절히 조정해야 합니다. 다음은 언제, 어떤 보험이 필요한지 정리한 표입니다.

변화	필요한 보험
첫 직장이 생겼어요.	이제 실손의료보험을 포함해 건강 관련 보험을 알아보실 때가 됐군요.
전세를 얻었어요.	전세보증금반환보증보험이라고 들어보셨나요?
차를 샀어요.	자동차보험 없이 운전하면 불법입니다.
집을 샀어요.	자, 이제 전세보증금반환보증보험은 놔주고 주택화재보험을 만나봅시다.
아이가 생겼어요.	축하합니다! 귀염둥이를 위한 태아·어린이보험이 있어요. 그리고 당신도 생명보험에 가입하시는 게 좋겠군요.

꿀팁

- 위험도가 낮으면 보험료도 낮게 잡힌다. 비흡연자는 담배와 관련된 질병으로 사망할 확률이 낮으니까 더 저렴한 보험료로 생명보험에 가입할 수 있다.
- 본인 부담금, 즉 '보험사에서 보험금을 지급할 때 피보험자가 부담해야 할 몫으로 제하는 금액'이 얼마인지 알아두자.
- 보험금을 자주 청구하면 보험료가 올라갈 수 있다. 그래서 가벼운 접촉 사고는 보험 처리를 안 하는 경우가 많다.

- 보험은 복잡한 제도이기 때문에 상품별로 내용이 천차만별이다. 보험청약서를 꼼꼼히 읽고 보장 내역을 확인하자.

재미있는 사실

- 데이비드 베컴David Beckham은 축구 선수로 최고의 전성기를 누릴 때 7,000만 달러 상당의 다리 보험에 들었다고 합니다.
- 배우 셜리 맥클레인Shirley MacLaine은 2,500만 달러 상당의 외계인 납치 보험에 들었다는군요.

핵심 정리

- 보험에 가입하면 보험사에 정기적으로 소액의 보험료를 납부하게 됩니다. 그 대가로 보험사는 불상사가 생겼을 때 거액을 지급하겠다고 약속합니다.
- 아이가 태어나거나 집을 샀을 때처럼 인생의 전환점이 왔을 때 새로운 보험이 필요할 수 있습니다.
- 보험사는 위험이 클수록 보험료를 비싸게 받습니다.

> 하루에 사과 하나를 먹으면 병원 갈 일이 없다. 건강보험이 없으면 가고 싶어도 못 간다.
> — 냅킨 파이낸스

1장 퀴즈

01 은행에 맡긴 돈이 안전한 이유는?

a. 금고에 보관하기 때문에

b. 은행에서 그렇다고 했으니까(설마 은행이 거짓말하겠어?)

c. 은행장이 단돈 1달러도 잃어버리지 않겠다고 자기 이름 걸고 맹세했으니까

d. 나라에서 일정 금액까지는 보호해주니까

02 은행이 돈을 버는 방법은?

a. 대출금에 이자를 붙인다.

b. 주택을 압류한다.

c. 뒷구멍으로 돈세탁을 한다.

d. 은행장이 매달 현금 보따리를 들고 카지노에 간다.

03 다음 중 예산을 세울 때의 장점이 아닌 것은?

a. 소득보다 적게 쓰며 살 수 있다.

b. 노후에 받는 연금이 늘어난다.

c. 내 돈이 어디로 빠져나가는지 알 수 있다.

d. 목표를 이루기 위해 필요한 돈을 따로 떼어놓을 수 있다.

04 예산을 세울 때 쓰면 좋은 비율은?

a. 10-90: 월세에 10%, 푸드트럭에 90%

b. 40-20-40: 집에 40%, 음식에 20%, 나머지에 40%

c. 50-20-30: 필수적 지출에 50%, 목표에 20%, 탄력적 지출에 30%

d. 10-10-80: 술집에 10%, 택시에 10%, PC방에 80%

05 복리란?

a. 기존의 이자에도 이자가 붙는 것

b. 매달 주식에서 나오는 돈

c. 모임에서 유식한 척하려고 쓰는 말

d. 복을 부르는 주문

06 한 달 동안 매일 1만 달러씩 받는 게 1센트로 시작해서 매일 2배씩 받는 것보다 이득이다.

a. 그렇다.

b. 아니다.

07 복리의 마법을 부르는 방법은?

a. 호그와트로 간다.

b. 통장을 개설할 때 '복리를 받는 것에 동의합니다'에 체크한다.

c. 불어난 돈을 안 빼고 더 불어나게 놔둔다.

d. 마법은 미신이다.

08 다음 중 흔히 쓰는 부채가 아닌 것은?

a. 학자금대출

b. 중소기업대출

c. 전통 도자기 만들기 대출

d. 부동산담보대출

09 '좋은 부채'의 조건은?

a. 금리가 낮고 현명한 투자에 사용된다.

b. 돈 쓰는 맛을 알게 해준다.

c. 500달러 이하다.

d. 인생의 쓴맛을 알게 해준다.

10 3~6개월 치 생활비를 비상금으로 모아둬야 한다.

a. 그렇다.

b. 아니다.

11 비상금에 손을 대도 되는 경우는?

a. 절친의 생일 파티에 가야 한다.

b. 다음 주부터 새 직장에 출근하니 새 옷을 쫙 뽑아야 한다.

c. 점심때 최고급 스테이크를 썰고 싶다.

d. 실직 후 공과금을 낼 돈이 떨어졌다.

12 보험료를 낮추는 방법은?

a. 보험료를 카드 포인트로 결제한다.

b. 건강 관리를 잘하고 꼭 필요할 때만 보험금을 청구한다.

c. 보험료가 더 싼 나라로 이민 간다.

d. 지인에게 보험을 든다.

13 돈을 빌릴 때 찾아야 할 것은?

a. 근육질 친구(빚쟁이들이 내 주위에 얼씬도 못 하게)

b. 높은 금리(빌려준 사람을 고리대금업자로 신고해 감방에 보내게)

c. 낮은 금리(내가 대출 이자를 받을 테니까)

d. 낮은 금리(내가 대출 이자를 내야 하니까)

14 단리란?

a. 단기적으로 붙는 이자

b. 원금에만 붙는 이자(복리의 반대)

c. 이자를 끊는 것

d. 단계적으로 붙는 이자

15 40세 미만은 저축에 신경 쓸 필요 없다.

a. 그렇다.

b. 아니다.

16 다음 중 저축을 늘리는 방법이 아닌 것은?

a. 예·적금 통장에 저축한다.

b. 예·적금 통장에 자동이체시킨다.

c. 매달 급여를 일정 비율로 저축한다.

d. 아이를 낳는다.

정답

1. d	2. a	3. b	4. c
5. a	6. b	7. c	8. c
9. a	10. a	11. d	12. b
13. d	14. b	15. b	16. d

2장
나 못 믿어요?

나의 경제적 신분을 나타내는 신용

신용

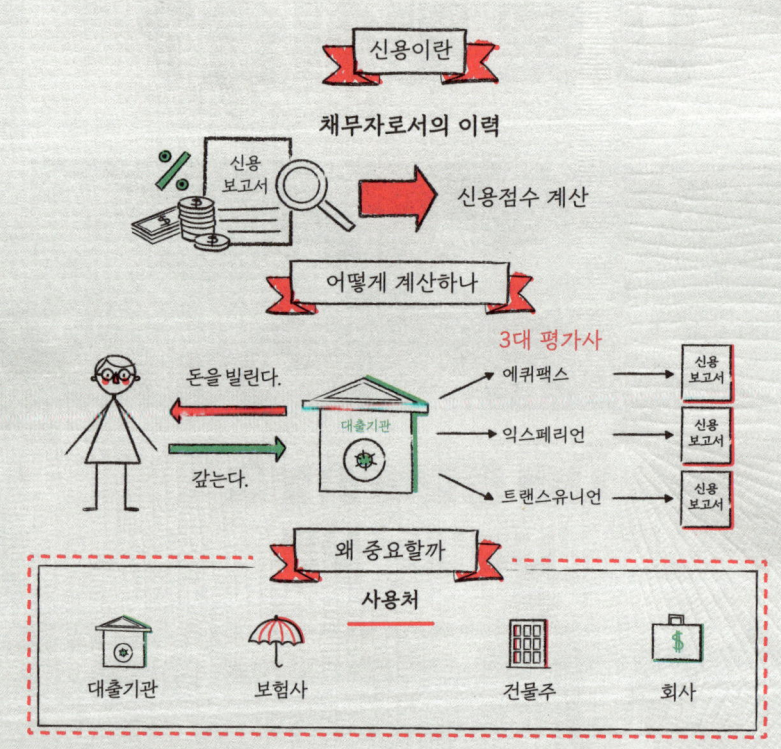

01 신용

Credit

신용은 간단히 말해 경제적 평판입니다. 신용 정보는 그 사람이 지금까지 내야 할 돈을 제때 냈는지 안 냈는지부터 시작해 채무자로서 경제활동 이력을 보여주는 자료입니다.

신용이 중요한 이유

신용 정보는 다양한 주체가 다양한 목적으로 이용합니다.

- 대출기관: 대출 여부, 금리를 결정하기 위해
- 보험사: 보험료를 결정하기 위해
- 건물주: 임차인을 평가하기 위해

- 회사: 구직자를 평가하기 위해

신용 정보가 형성되는 과정

일반적으로 돈을 빌릴 때마다 신용 정보가 추가됩니다. 약속대로 돈을 갚으면 신용이 좋아지고 약속을 어기면 나빠집니다. 대표적으로 다음과 같은 행위가 신용에 악영향을 미칩니다.

- 신용카드를 사용하고 매달 대금을 연체한다.
- 학자금대출 상환금을 내지 않는다.
- 자동차대출, 부동산담보대출 등의 상환금을 내지 않는다.
- 마이너스 통장이 연체된다.
- 공과금과 의료보험료가 연체된다.
- 장기 연체로 채권추심 절차가 시작된다.

누가 신용 정보를 취합할까

'개인신용평가회사'라는 민간 기업이 신용 정보를 취합합니다. 예로, 신용카드 연체가 되면 카드사에서 개인신용평가회사에 통보합니다(경우에 따라서는 채권자와 잘 협의해서 통보를 막을 수도 있습니다). 미국의 3대 개인신용평가회사는 에퀴팩스Equifax, 익스페리언Experian, 트랜스유니언TransUnion입니다.

개인신용평가회사는 통보받은 내용을 7년간 보관합니다. 보통 그 후에는 부정적인 기록이 말소됩니다. 이를 종합한 자료를 '신용보고서'라 부르고 신용점수를 계산하는 토대가 됩니다.

재미있는 사실

- 에퀴팩스와 익스페리언은 원래 빚을 안 갚는 고객에 대한 정보를 공유하는 사업가들의 단체로 시작했습니다.
- 한때 에퀴팩스가 소비자의 결혼, 정치 활동, '침실 활동'(쉿!)에 대한 정보도 수집한다는 설이 있었습니다.

핵심 정리

- 신용 정보는 채무자로서 이력을 말합니다.
- 신용은 대출은 물론이고 취업에도 영향을 미칩니다.
- 개인신용평가회사는 채권자로부터 우리가 얼마를 빌렸고 제때 채무를 상환했는지를 통보받고, 이를 토대로 신용보고서를 작성합니다.

> 사장이 직원을 대하는 태도도 신용점수에 영향을 미친다면 더 살기 좋은 세상이 될 텐데.
> – 냅킨 파이낸스

신용카드

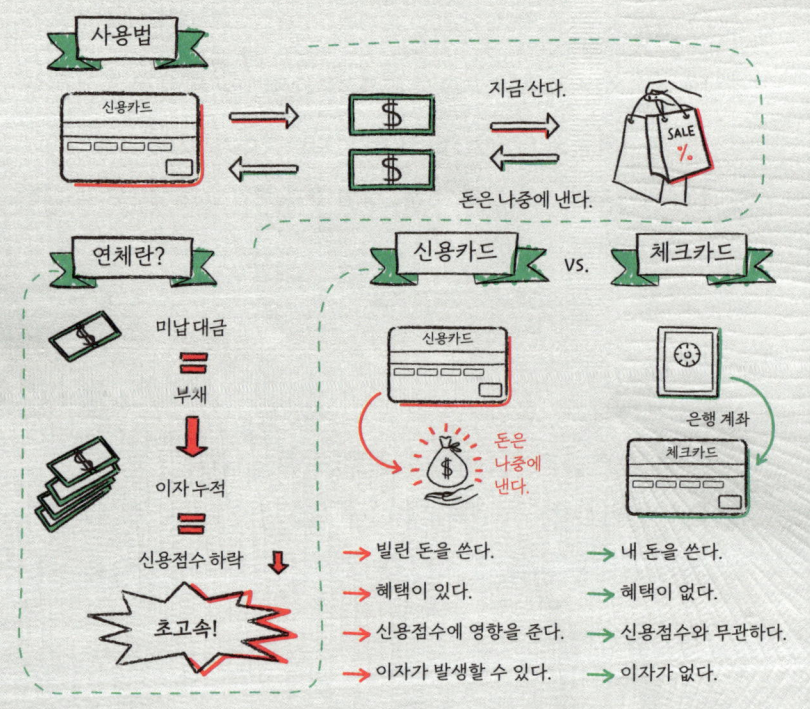

02
신용카드

Credit Cards

신용카드를 쓰면 귀찮게 돈을 셀 필요가 없을 뿐만 아니라 물건은 지금 사고 돈은 나중에 낼 수 있습니다. 카드사에서 돈을 빌려 쓰는 셈이죠. 신용카드 대금은 현재 빌린 돈의 총액입니다. 신용카드는 대개 이용 한도가 5,000달러, 1만 달러 하는 식으로 정해져 있습니다. 한도를 초과하면 결제가 안 됩니다.

연체에 특히 주의하자

다른 부채와 마찬가지로 신용카드 대금도 제때 내야 합니다. 이번 달에 대금을 다 갚지 못하고 다음 달로 넘기면 이자가 붙습니다. 신용카드 대금 미납은 신용점수를 초고속으로 깎아 먹는 길입니다.

신용카드의 장점

신용카드는 잘만 사용하면 장점이 많습니다.

- 온라인 결제가 쉬워진다.
- 분실하거나 도난당했을 때 보호받을 수 있다.
- 포인트, 마일리지, 캐시백 같은 혜택이 있다.
- 신용점수를 높이는 데 도움이 된다.

신용카드 vs. 체크카드

체크카드도 신용카드처럼 온·오프라인에서 사용할 수 있지만 큰 차이점이 있습니다.

	신용카드	체크카드
원리	돈을 빌려서 쓰고 나중에 갚는다.	계좌에서 바로 돈이 나간다.
이자	이달에 다 갚지 못해 다음 달로 넘어가는 대금에 이자가 붙는다.	이자가 안 붙는다.
포인트, 캐시백 등 혜택	있다.	보통은 없다.
신용점수에 영향	제때 대금을 납부하면 신용점수가 좋아지고, 아니면 나빠진다.	영향 없다.
발급 난이도	발급 심사를 통과해야 한다.	보통은 은행 계좌를 만들면 누구나 발급받을 수 있다.

재미있는 사실
- 현재 미국의 신용카드 발급량은 약 4억 장으로, 1인당 1장이 약간 넘는 수준입니다(한국은 약 1억 1,000만 장으로 1인당 2장이 조금 넘는다 - 옮긴이).
- 원래 미국에서는 여성이 신용카드를 발급받으려면 남편의 동의가 필요했지만 1974년에 신용기회균등법Equal Credit Opportunity Act이 제정되면서 이런 차별이 금지됐습니다(하지만 지금도 여성에게 평균적으로 더 높은 이율이 적용되죠).

핵심 정리
- 신용카드를 쓰는 것은 돈을 빌리는 것입니다.
- 다른 부채와 마찬가지로 신용카드 대금도 제때 내지 않으면 이자가 발생합니다.
- 신용카드와 체크카드는 비슷한 것 같지만 이자, 신용점수에 미치는 영향, 혜택 등의 측면에서 큰 차이가 있습니다.

신용카드 절도범들아, 내 카드 줄 테니까 우리 애 좀 대신 키워주라.

— 냅킨 파이낸스

신용점수 높이기

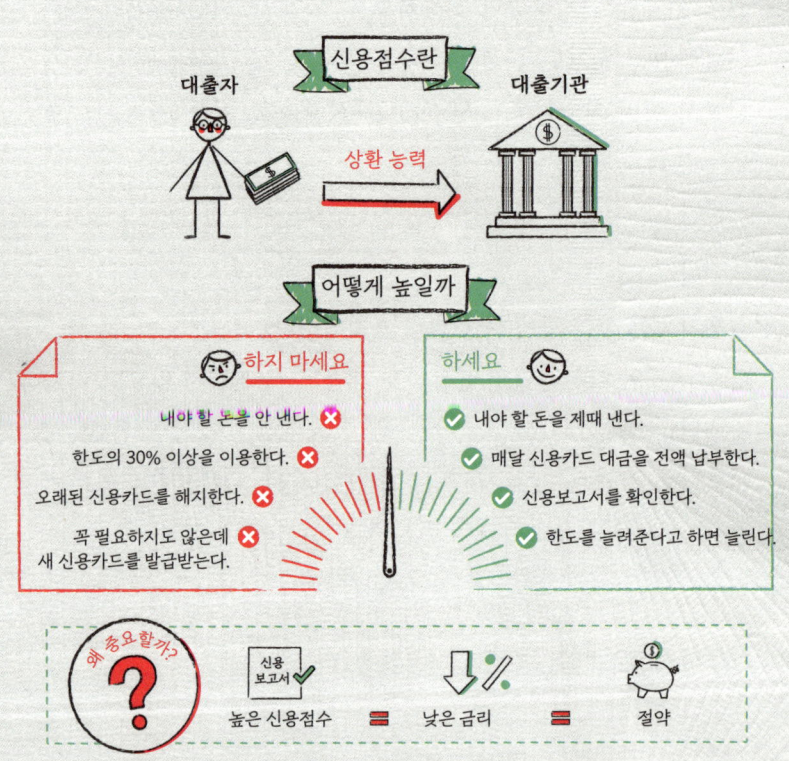

03
신용점수 높이기

Improving Credit

신용점수는 빌린 돈을 얼마나 잘 갚았는지 보여줍니다. 대출기관을 비롯해 다양한 이해관계자가 신용점수를 보고 이 사람이 과연 돈에 대한 약속을 잘 지킬지 어떨지 판단합니다. 신용점수가 높을수록 신용카드를 발급받거나 전세자금대출, 부동산담보대출을 받기가 쉬워지고 취업에 유리하게 작용하기도 합니다.

점수를 높이는 법

신용 이력에 오점이 없는 사람뿐 아니라 현재 경제적으로 어려움을 겪고 있는 사람도 다음과 같은 방법으로 신용점수를 높일 수 있습니다.

- 내야 할 돈을 제때 낸다.
- 매달 신용카드 대금을 전액 납부한다.
- 카드사에서 신용 한도를 늘려준다고 하면 늘린다.

점수가 떨어지지 않으려면 다음과 같은 행동을 삼가야 합니다.

- 내야 할 돈을 안 낸다(신용카드 대금만 아니라 무슨 돈이든 간에).
- 할부를 많이 사용하거나 한도액에 가깝게 결제한다.

신용점수가 중요한 이유

신용점수가 높으면 대출을 받을 때 금리가 낮아져서 실질적으로 돈을 아끼는 효과가 있습니다.

　두 사람이 30년 만기로 20만 달러의 부동산담보대출을 받는다고 해보죠. 신용점수가 높은 쪽이 이자를 무려 10만 달러나 절약할 수 있습니다.

	기간(년)	원금(달러)	금리(%)	월납입금(달러)	총이자(달러)
신용점수 높음	30	200,000	5	1,074	186,512
신용점수 낮음	30	200,000	7.5	1,398	303,434

재미있는 사실

- 영어에서 신용을 뜻하는 '크레딧credit'은 '믿는다'란 뜻의 라틴어 '크레데레credere'에서 나왔습니다.
- 한때 미국에서는 신용점수로 데이트 상대를 고르는 웹사이트가 큰 인기를 얻기도 했습니다.

핵심 정리

- 신용점수를 높이려면 내야 할 돈을 제때 내고, 매달 신용카드 대금을 전액 납부하세요.
- 신용점수가 떨어지지 않게 하려면 신규 대출 신청, 신규 신용카드 발급, 신용카드 한도액의 30% 이상 사용을 자제하는 게 좋습니다.
- 신용점수가 높을수록 쉽게 돈을 빌릴 수 있을 뿐만 아니라 부동산담보대출 등 거액의 대출을 받을 때도 이자로 나가는 돈이 절감됩니다.

> 로마와 BTS는 하루아침에 만들어지지 않았다. 좋은 신용점수도 그렇다.
> — 냅킨 파이낸스

FICO 점수

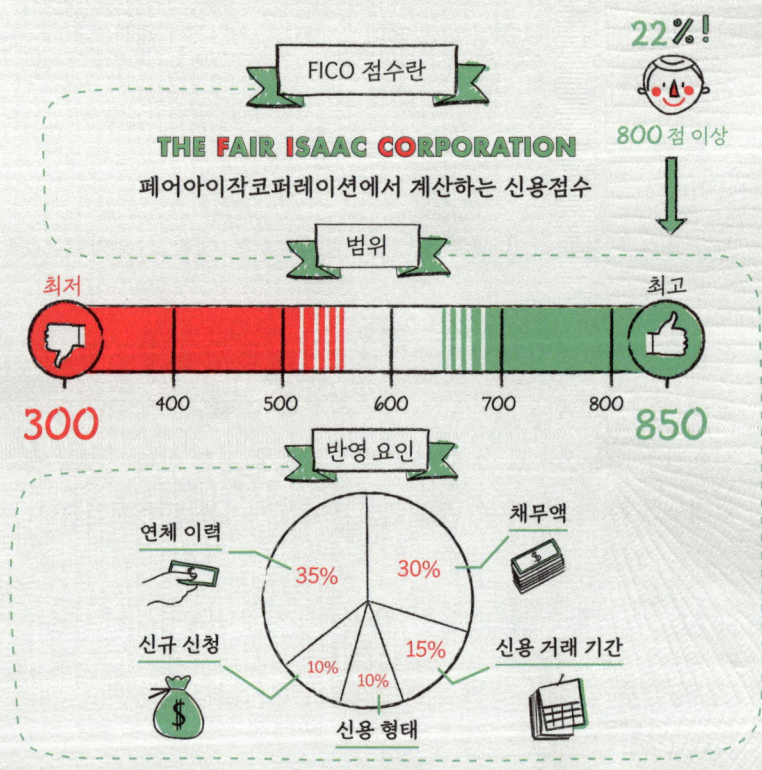

04
FICO 점수

FICO Credit Score

신용점수는 여러 개가 존재합니다. 그중에서도 FICO 점수가 제일 많이 쓰이고 제일 유명하죠. FICO는 신용점수를 계산하는 회사인 페어아이작 코퍼레이션Fair Isaac Corporation의 약자입니다.

FICO 점수가 몇 점이면 좋은 걸까?

FICO 점수는 300~850점으로 매겨지고 높을수록 좋습니다.

점수대	상태	해당하는 사람의 비율
800~850	탁월!	22%
700~799	양호	36%
600~699	무난	23%
300~599	으악!	19%

무엇이 점수에 반영될까?

FICO 점수에는 크게 다섯 가지 요인이 반영되고 저마다 중요도가 다릅니다.

요인	비중	설명
연체 이력	35% 중요도 최고	그간 내야 할 돈을 제때 냈는가, 연체한 적이 있는가?
채무액	30% 중요도 높음	신용 한도를 다 쓰는가, 일부만 쓰는가?
신용 거래 기간	15% 중요도 낮음	신용 거래 기간이 긴가, 짧은가? (길수록 좋음)
신규 신청	10% 중요도 최저	지난달에 신규 신용카드 20개를 신청했는가, 아니면 신용카드를 어쩌다 한 번씩 발급받는가?
신용 형태	10% 중요도 최저	지금까지 신용카드만 이용했는가, 아니면 학자금대출이나 부동산담보대출 등 다른 대출도 이용한 이력이 있는가?

재미있는 사실

- 페어아이작코퍼레이션에서 페어Fair는 점수의 공정성을 뜻하는 게 아닙니다. 공동설립자인 윌리엄 페어William Fair와 얼 아이작Earl Isaac의 성에서 따온 회사명이죠('윌리엄-얼 신용점수'라고 하면 느낌이 안 살잖아요).
- 은행 예금액을 반영하는 '울트라FICOUltraFICO' 신용점수가 새로 나왔

습니다. 신용 거래 이력이 없거나 기간이 짧은 사람에게 유리합니다.

핵심 정리

- FICO 점수는 가장 많이 사용되고 가장 유명한 신용점수입니다.
- FICO 점수는 300~850점으로 매겨지고 높을수록 좋습니다.
- FICO 점수를 계산할 때 가장 중요한 요인은 지금까지 빌린 돈을 잘 갚았느냐입니다. 그 밖에 얼마를 빌렸는가, 신용 거래 이력이 몇 년인가 등도 중요합니다.

> 고약한 입 냄새만큼 비호감인 게 불량한 FICO 점수다.
>
> – 냅킨 파이낸스

2장 퀴즈

01 신용이란?

- a. 신용카드를 탄생시킨 사람의 이름
- b. 범죄 기록
- c. 채무자로서 평판
- d. 신만 쓸 수 있는 것

02 다음 중 미국의 3대 개인신용평가회사가 아닌 것은?

- a. 트랜스아메리카
- b. 트랜스유니언
- c. 에퀴팩스
- d. 익스페리언

03 세금을 체납하면 신용점수가 떨어진다.

- a. 그렇다.
- b. 아니다.

04 다음 중 신용점수를 높이는 방법이 아닌 것은?

a. 내야 할 돈을 제때 낸다.

b. 가전제품점에서 신용카드 발급을 권할 때마다 응한다.

c. 매달 신용카드 대금을 전액 납부한다.

d. 신용카드 한도의 30% 이내에서 사용한다.

05 다음 중 신용점수를 떨어뜨리는 원인이 아닌 것은?

a. 내야 할 돈을 제때 내지 않는다.

b. 신용카드를 한도까지 꽉 채워 쓴다.

c. 신용카드를 못 쓰게 물을 붓고 꽁꽁 얼려버린다.

d. 가전제품점에서 신용카드 발급을 권할 때마다 응한다.

06 신용점수가 사용되는 경우는?

a. 은행에 대출을 신청했을 때

b. 현금으로 새 차를 살 때

c. 시험에서 부정행위를 했는지 확인할 때

d. 결혼서약서를 쓸 때

07 사용하지 않는 신용카드를 해지하면 신용점수가 높아진다.

a. 그렇다.

b. 아니다.

08 신용카드로 물건을 사면?

a. 단말기가 좋아한다.

b. 내가 얼마나 돈 많고 여유 있는 사람인지 과시할 수 있다.

c. 어차피 화폐도 아니니까 내 돈 나가는 게 아니다.

d. 카드사에서 돈을 빌렸으므로 나중에 갚아야 한다.

09 신용카드 대금을 연체하면?

a. 카드사에서 내 밀당에 껌뻑 넘어가겠지.

b. 1년에 한 번쯤은 괜찮다.

c. 죽었다고 봐야 한다.

d. 큰일이긴 하지만 죽을 정도는 아니고 앞으로 주의하면 된다.

10 신용카드를 책임감 있게 사용하면 신용점수가 높아진다.

a. 그렇다.

b. 아니다.

11 체크카드를 쓰면 포인트가 더 많이 적립된다.

a. 그렇다.

b. 아니다.

12 FICO 점수란?

a. 성공적인 인생의 유일한 지표

b. 가장 유명한 신용점수

c. 연봉 등급

d. FIFA에서 정하는 각 팀 능력치

13 탁월한 수준의 FICO 점수대는?

a. 0~100

b. 900~1,000

c. 800~850

d. 123~4,567

14 신용 거래 기간이 짧으면 신용카드를 잘 안 쓴다는 말이니까 신용점수에 유리하게 작용한다.

a. 그렇다.

b. 아니다.

15 FICO는 무엇의 약자인가?

a. 동굴로 굴러떨어지다(Falling Into Cave Openings)

b. '나도 이제 신용카드 발급받는다'법(The Finally, I Can Open a credit card Act)

c. 연방보험분담청(The Federal Insurance Contributions Organization)

d. 페어아이작코퍼레이션(Fair Isaac Corporation)

정답

1. c	2. a	3. a	4. b
5. c	6. a	7. b	8. d
9. d	10. a	11. b	12. b
13. c	14. b	15. d	

3장
무릎에서 사서 어깨에서 판다

재테크하기 전 알아야 할 기초 중에 기초

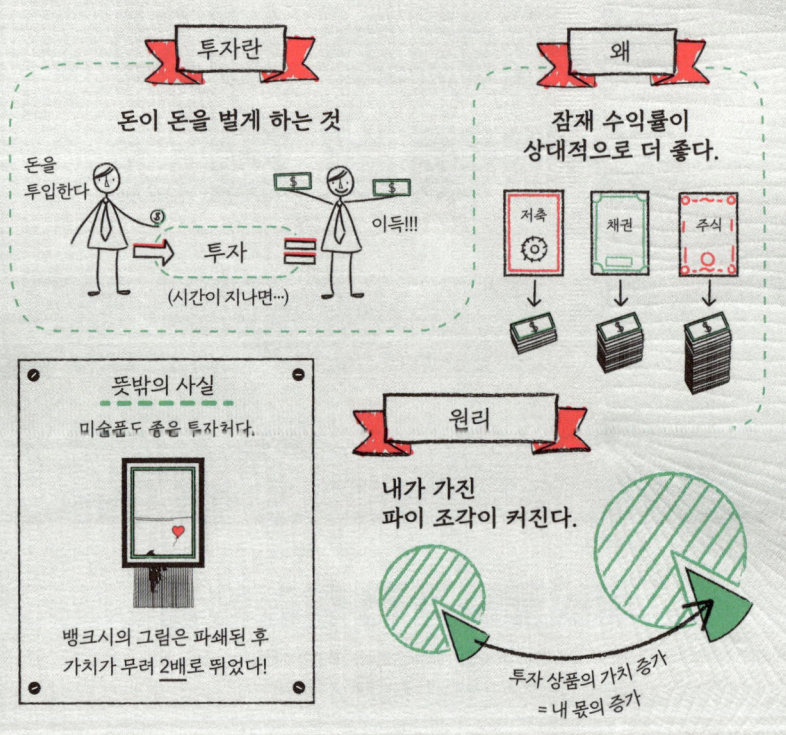

01
투자

Investing

투자란 이득을 기대하며 돈을 투입하는 행위입니다. 우리는 이미 많은 것에 투자하고 있습니다. 교육에 투자할 때 우리가 기대하는 이득은 높은 소득이나 유망한 직업일 겁니다. 명품 구두에 투자할 때는 칭찬이나 지위 상승을 기대할 테고요.

범위를 재테크로 한정하면, 투자는 금전적 이득을 기대하며 주식이나 채권처럼 다소 위험이 따르는 자산에 돈을 넣는 행위입니다.

"저축으로만 갑부가 된 사람을 몇 명이나 알고 있는가?"
- 로버트 G. 앨런Robert G. Allen, 투자자이자 작가

투자가 필요한 이유

투자는 효과적으로 재산을 불리는 길입니다. 역사적으로 보면 주식과 펀드 같은 투자 상품이 장기적으로 큰 수익을 냈습니다. 장기투자 시 연평균 수익률이 10%쯤 되는 미국 주식에 투자했을 때와 금리가 0.1%인 통장에 돈을 넣어뒀을 때의 결과는 다음과 같습니다.

	원금(달러)	수익률(연간, %)	투자 기간(년)	총결산액(달러)
저축	10,000	0.1	20	10,202
주식	10,000	10	20	67,275

물돈 현실에서는 투자 상품의 가치가 오르락내리락하기 때문에 매년 일정한 수익이 나오진 않습니다. 하지만 길게 보면 투자야말로 가장 빠르게 재산을 증식하는 수단입니다.

투자 수익이 생기는 원리

주식시장은 장기적으로 상승 곡선을 그립니다. 장기적으로 보면 경제가 성장하기 때문입니다. 그리고 경제가 성장하는 이유는 인구가 늘고 기술이 발전하기 때문입니다. 세상에 사람이 많아진다는 것은 그만큼 소비자가 증가한다는 뜻입니다. 기술이 발전하면 노동자의 생산성이 향상되고 전에 없던 것이 등장합니다. 그래서 시간이 갈수록 기업의 매출과 수익이 증가합니다. 우리는 투자를 통해 그 파이의 한 조각을 내 몫으로 가질 수 있습니다.

그 과정을 간단히 정리하면 이렇습니다.

- 1단계: 기업의 소유권을 사거나(예: 주식 매수) 기업에 돈을 빌려준다 (예: 채권 매수).
- 2단계: 기업이 상품을 팔아 성장한다.
- 3단계: 가치가 높아진 소유권을 팔아서 차익을 챙기거나 기업으로부터 원금과 이자를 받는다.

투자 상품에 주식만 있는 건 아닙니다. 부동산, 화폐, 클래식자동차, 미술품 등에도 투자할 수 있습니다.

재미있는 사실

- 미술품도 좋은 투자처가 됩니다. 뱅크시Banksy의 〈소녀와 풍선Girl with Balloon〉은 2018년 소더비 경매에서 낙찰된 뒤 자동으로 파쇄됐는데, 가치가 오히려 2배로 뛰었다고 합니다.

- 금수저만 부자가 되란 법은 없습니다. 워런 버핏은 신문 배달을 해서 번 돈으로 열한 살 때 처음으로 주식에 투자했습니다. 그가 매수한 종목은 정유 회사 시트고Citgo의 전신인 시티즈서비스Cities Service였습니다.

핵심 정리
- 투자는 이득을 기대하며 돈을 투입하는 행위입니다.
- 주식과 채권 같은 투자 상품에 돈을 넣으면 효과적으로 재산을 불릴 수 있습니다.
- 투자에서 이득이 나는 이유는 장기적으로 경제가 성장해서 기업의 매출과 이윤이 증가하기 때문입니다.

> 투자에 대한 조언을 듣고 싶다면 증권사에 전화를 걸고, 인생에 대한 (원치 않는) 조언을 듣고 싶다면 엄마에게 전화를 거세요.
>
> – 냅킨 파이낸스

자산군

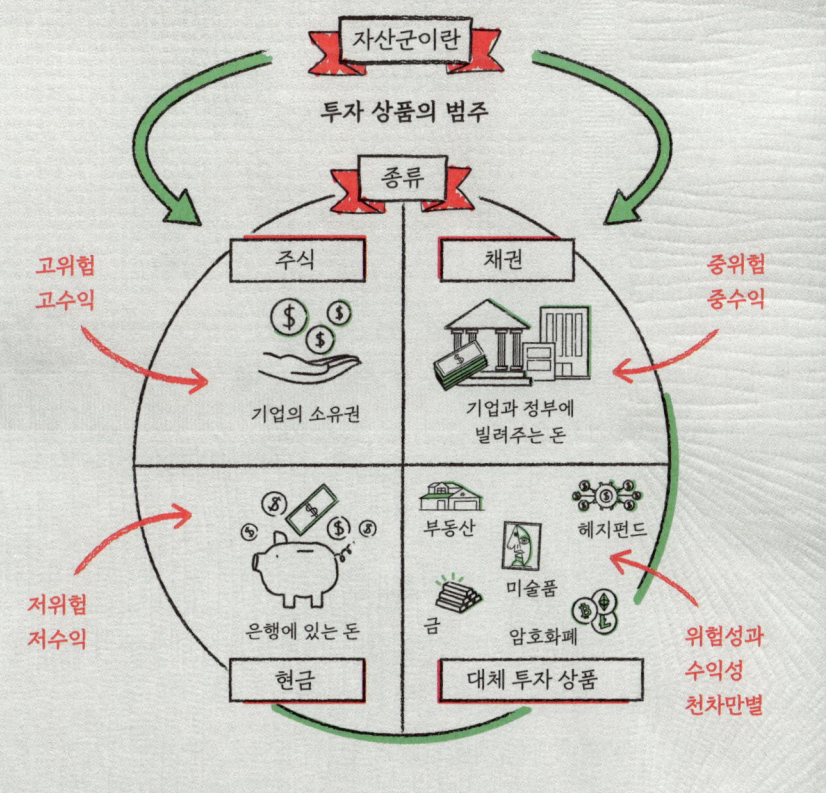

02 자산군

Asset Classes

자산군은 투자 상품의 범주를 말합니다. 각 자산군에 투자금을 적절히 배분하면 균형 잡힌 자산 집합체, 즉 포트폴리오가 만들어집니다. 주요 자산군의 예는 다음과 같습니다.

주식

- 주식을 사면 회사의 일부분을 소유하게 된다.
- 주가가 오르면 그만큼 이득이 생긴다. 보통은 회사의 이윤이 늘어나면 주가도 상승한다.
- 종목에 따라서 배당이 지급되기도 한다. 배당은 회사가 정기적으로 주주에게 나눠주는 소량의 현금이나 주식을 뜻한다.

- 주식은 주로 뉴욕증권거래소NYSE 같은 증권거래소에서 거래된다. 그 외에 비공식적으로 알음알음 거래되는 종목도 있다.

채권
- 채권을 사면 채권 발행 기관(주로 기업이나 정부 조직)에 돈을 빌려준 사람이 된다.
- 대부분의 채권에서는 이자 수익이 발생한다.
- 일반적으로 채권 만기일이 되면 투자 원금을 돌려받는다.
- 일반적으로 채권은 거래소에서 거래되지 않지만 증권사를 통해 매매할 수 있다.

현금
- 현금은 지갑과 은행에 있는 돈을 말한다.
- 은행 계좌에 현금을 넣어놓으면 소액의 이자가 붙는다.
- 주식이나 채권과 달리, 은행에 있는 돈은 보통 25만 달러까지 보호되기 때문에 안전하다.

대체 투자 상품
- 그 외의 투자처로는 부동산, 헤지펀드, 사모펀드, 암호화폐, 원자재

(예: 금) 등이 있다.
- 부동산으로는 임대료 수익을 올릴 수 있다.
- 암호화폐와 금은 그 자체로 수익을 창출하진 않지만 시세차익을 노릴 수 있다.

재미있는 사실
- 날씨, 골동품 도자기, 인간의 죽음에 투자하는 헤지펀드도 존재합니다. 무엇이든 투자 대상이 될 수 있다는 얘기입니다.
- 부동산 불패라는 말도 있지만, 지금까지 장기적으로는 주식의 수익률이 더 좋았습니다.

핵심 정리
- 주식과 채권 같은 자산군으로 포트폴리오를 구성할 수 있습니다.
- 주식은 회사의 소유권을 나눠놓은 것으로, 보통은 회사의 이익이 증가하면 주가도 오릅니다.
- 채권은 기업 등의 기관에 돈을 빌려주는 것으로, 채무자가 상환을 중단하지 않는 한 이익이 납니다.
- 그 밖의 다양한 투자처는 대체 투자 상품에 속합니다.

주요 자산군으로는 주식, 채권, 부동산, 헌금, 아니, 현금이 있다.

– 냅킨 파이낸스

분산 투자

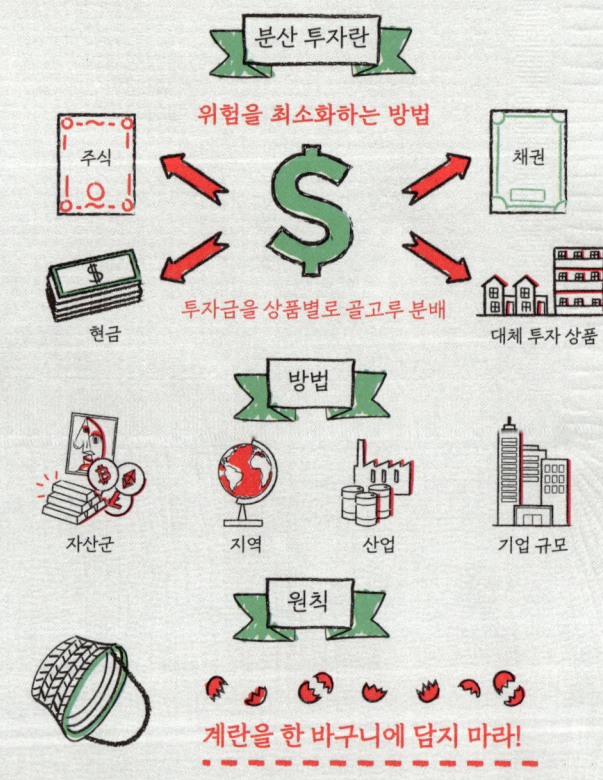

03
분산 투자

Diversification

분산 투자란 여러 유형의 투자 상품에 돈을 나눠 넣는 행위입니다. 베팅 대상을 다양화한다고 할 수 있죠.

분산 투자의 장점

투자 전문가들은 다른 건 몰라도 분산 투자가 좋은 전략이라는 데 대체로 동의합니다. 분산 투자를 하면 이런 점이 좋습니다.

- 위험 감소: 투자금을 분산하면 투자 상품 1~2개의 가치가 폭락해도 큰 타격을 입지 않는다.
- 대박을 건질 확률 증가: 누구나 차세대 구글Google이나 아마존Amazon

의 주주가 되고 싶어 하는데, 투자한 상품이 많을수록 그 가능성이 커진다.
- 안정적인 수익: 개별 투자 상품의 가치는 부침이 심할 수 있지만, 다양한 투자 상품을 보유하면 그 충격이 줄어든다.

> "건초 더미에서 바늘을 찾으려 하지 말고 건초 더미를 통째로 사버려라."
> – 존 보글 John Bogle, 인덱스투자의 아버지

분산 투자 방법

다음과 같은 기준으로 분산 투자를 할 수 있습니다.

자산군	주식, 채권, 현금, 대체 투자 상품을 적절히 배합한다.
지역	미국도 투자하기 좋은 나라지만 미국 경기가 침체됐을 때는 다른 나라의 투자 상품이 더 좋은 수익률을 보이기도 한다.
산업	IT 기업이 독보적인 수익률을 자랑하는 시기가 있는가 하면 정유 기업(또는 다른 업종)이 그럴 때도 있다. 그러니 모든 업종을 조금씩이라도 보유하는 게 현명하다.
채권 유형	기왕이면 회사채, 국채, 지방채를 골고루 보유하는 편이 좋다.
기업 규모	경기가 좋을 때는 중소기업이 강세를 보이고, 경기가 안 좋을 때는 대기업이 강세를 보인다. 양쪽에 모두 투자하면 좋지 않겠는가?

재미있는 사실

- 분산 투자를 뜻하는 영어 단어 '디버서피케이션diversification'은 라틴어에서 '서로 다르다'라는 뜻의 '디웨르수스diversus'와 '만들다' 또는 '하다'라는 뜻의 '파키오facio'가 합쳐진 말입니다.
- 귀금속도 분산 투자의 대상이 됩니다. 주식시장이 폭락하면 투자자들이 안전자산으로 몰리면서 금값이 오르는 게 일반적입니다.

핵심 정리

- 분산 투자는 여러 유형의 투자 상품에 돈을 나눠 넣는 투자법입니다.
- 분산 투자에는 위험 감소, 대박을 건질 확률 증가, 안정적인 수익이라는 장점이 있습니다.
- 분산 투자는 다양한 자산군, 국가, 산업 등에 투자함으로써 실천할 수 있습니다.

> 투자도 식사도 편식은 금물.
>
> – 냅킨 파이낸스

위험과 보상

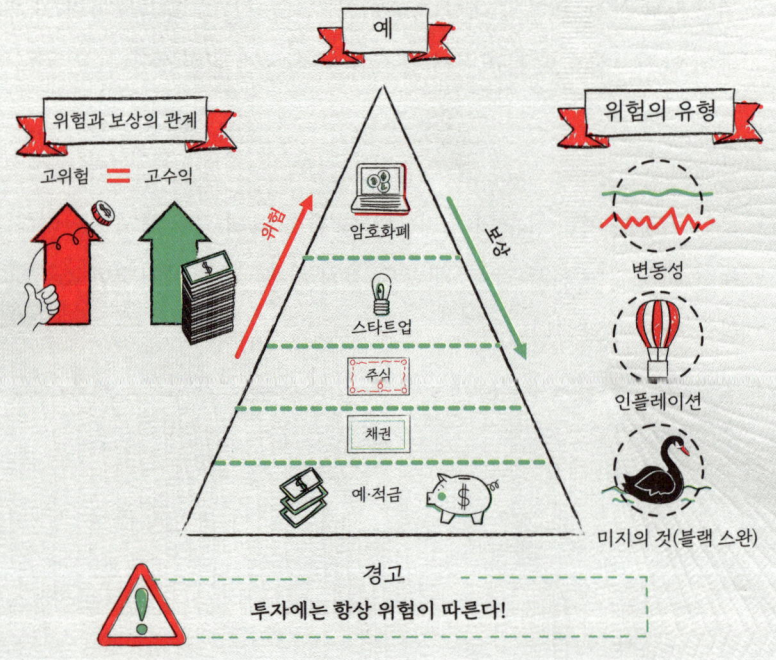

04
위험과 보상

Risk vs. Reward

투자에는 항상 위험이 따릅니다. 위험은 대체로 보상과 비례합니다. 큰 수익을 낼 수 있는 투자일수록 큰 손실이 날 가능성이 공존한다는 말이죠. 반대로 안전한 투자에서는 큰 수익을 기대하기 어렵습니다.

위험이란?

투자자들은 위험이라고 하면 흔히 가격이 출렁이는 정도, 즉 변동성을 생각합니다.

그런데 전문가들 사이에서는 변동성이 전부가 아니라고 보는 시각도 있습니다. 희대의 사기꾼 버니 메이도프Bernie Madoff에게 돈을 맡겼던 사람들도 그의 사기 행각이 밝혀지기 전까지는 안정적인 수익을 올렸죠. 그리고 변동성만 놓고 본다면 찔끔찔끔 돈을 잃는 투자도 '저위험'에 속합니다.

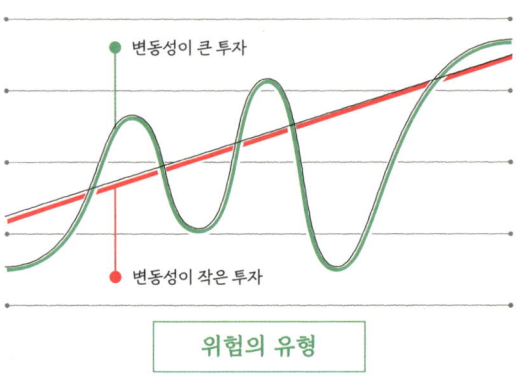

위험의 유형

그렇다고 해도 고위험 투자와 저위험 투자를 가르는 데 변동성만큼 쉬운 기준도 없습니다.

위험·이익에 따른 투자 순위

위험과 보상은 떼려야 뗄 수 없는 관계인 만큼 위험을 기준으로 투자 유형별 순위를 매기면 곧 잠재적 수익의 순위가 됩니다. 유형에 따른 위험도는 다음과 같습니다.

투자 유형	위험도	이유
암호화폐	XXXXX	암호화폐는 투자자를 벼락부자로 만들어주기도 하지만 빈털터리로 만들 수도 있다.
스타트업	XXXX	스타트업이라고 다 대박을 터트리진 않는다. 쪽박을 차는 회사도 있고 그 중간쯤에 있는 회사도 있다.
주식	XXX	주식은 수시로 가격이 오르내리고 간혹 폭락하기도 하지만 장기적으로 보면 대체로 연평균 10% 수준의 양호한 수익률을 보였다.
채권	XX	채권도 가격이 오르내리긴 하지만 주식만큼 심하진 않다. 장기 수익률은 연평균 5% 수준이다.
예·적금	X	예·적금은 나라에서 어느 정도 보호해주기 때문에 그 한도 내에서는 돈을 잃을 확률이 0%다. 하지만 수익률이 연 1%에도 못 미칠 수 있다.

위험과 보상 사이에서 균형을 잡는 게 투자에서 제일 중요한 부분이라고 해도 틀리지 않습니다(균형은 이 장의 '자산 배분'에서 자세히 다룹니다).

재미있는 사실

- 위험과 보상이 비례한다고 하지만 여성이 남성보다 보수적으로 투자하면서 평균적으로 더 큰 수익을 올리는 경향이 있습니다. 어쩌면 거래 빈도가 남성보다 낮기 때문일 수 있습니다.
- 앞에서 무엇이든 투자 대상이 될 수 있다고 했습니다. 그래서 변동

성에 투자하는 전략도 있습니다. 이때는 시장이 날뛰면 돈을 벌고 얌전해지면 돈을 잃습니다.

핵심 정리
- 투자에는 항상 위험이 따릅니다.
- 보통은 잠재적 이익이 큰 투자일수록 위험도 큽니다.
- 많은 투자자가 위험이라고 하면 가격의 출렁임을 생각하지만 그 외의 위험도 존재할 수 있습니다.

> 위험과 보상을 저울질해보는 것은 투자할 때만이 아니라 푸드트럭에서 점심을 사 먹을 때도 중요하다.   - 냅킨 파이낸스

자산 배분

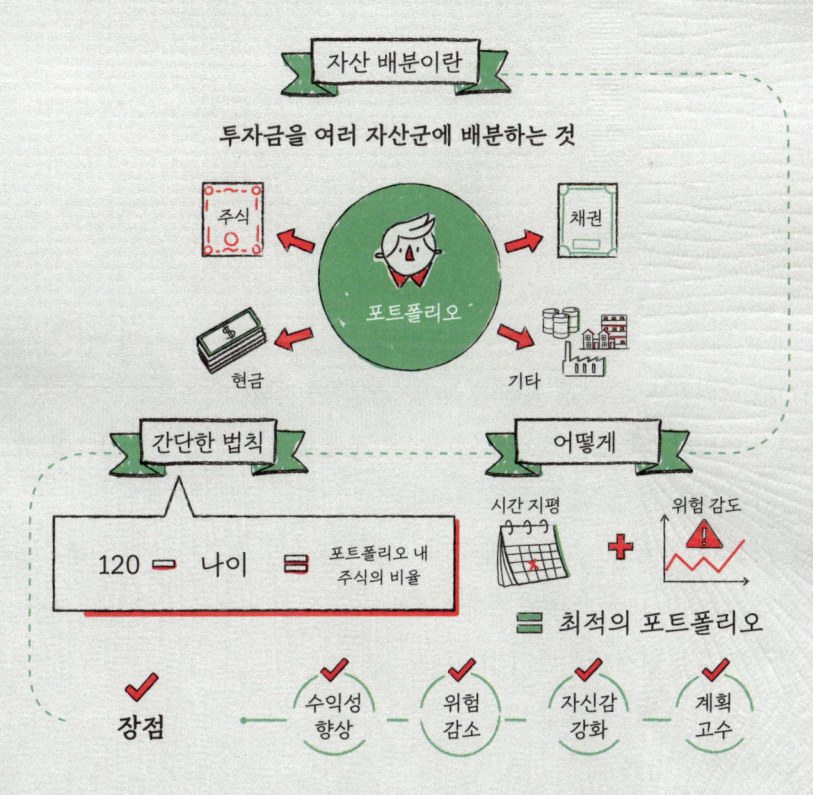

05
자산 배분

Asset Allocation

'자산 배분'은 보유한 자산을 백분율(%)로 표시하는 것입니다. 전 재산 1,000달러가 모두 은행 통장에 들어가 있다면 자산 100%를 현금에 배분한 것입니다. 전 재산 중에서 절반이 소장품 운동화에 들어가 있다면 운동화에 50%의 자산을 배분한 것이죠.

자산 배분이라고 하면 흔히 증권사 계좌를 여러 개 만드는 것을 생각합니다. 하지만 자산 배분을 잘하려면 어느 정도의 위험을 감수하는 게 적당한지 가장 먼저 따져봐야 합니다.

자산 배분의 장점

자산 배분을 잘하면 이런 점이 좋습니다.

- 수익성이 향상된다.
- 포트폴리오의 위험성이 감소한다.
- 투자 전략에 대한 자신감이 강해진다.
- 투자 계획을 고수하기가 쉬워진다(그 결과로 수익성이 향상된다).

자산 배분 결정하기

자산 배분을 결정할 때는 시간 지평과 위험 감도라는 두 가지 요소를 생각해봐야 합니다.

- 시간 지평: 투자 자산을 매도해야 하는 시점까지 시간이 많이 남아 있을수록 더 큰 위험을 감수할 수 있다. 시장이 곤두박질치더라도 회복될 때까지 기다릴 여유가 있기 때문이다.
- 위험 감도: 투자 자산의 가치가 추락할 때 심장이 벌렁거리는 사람이라면 너무 위험한 자산은 보유하지 않는 편이 좋다. 가격이 오락가락하는 것을 묵묵히 견딜 수 있다면 더 큰 위험을 감수해도 좋을 것이다.

실행하기

어느 정도의 위험을 감수할지 결정이 섰다면 고차원적인 자산 배분이 가능합니다. 다음의 예시 포트폴리오를 참고하세요.

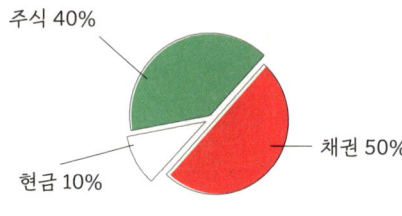

보수적 포트폴리오

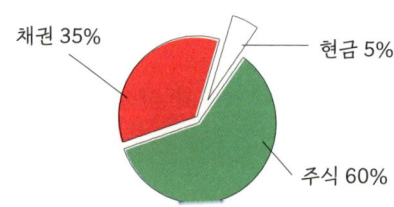

중도적 포트폴리오

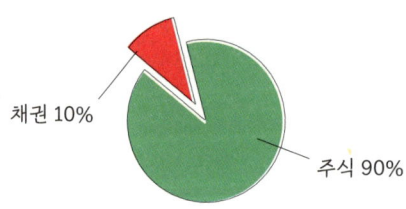

공격적 포트폴리오

재미있는 사실

- 워런 버핏은 단순한 자산 배분을 선호합니다. 그는 자산의 90%를 S&P500 인덱스펀드에 투자하고 10%를 미국 장기국채에 투자하는 포트폴리오가 고액의 보수를 받는 자산관리인들보다 대체로 우수한 성과를 낸다고 말했습니다.
- 자산 배분을 할 때 골치 아픈 게 싫으면 120에서 자기 나이를 빼는 방법도 있습니다. 그렇게 해서 나온 수만큼의 비율을 주식에 투자하고 나머지는 채권에 투자하세요.

핵심 정리

- 자산 배분은 백분율로 일목요연하게 표시한 투자 현황입니다.
- 자산 배분을 잘하면 수익성이 좋아지면서 투자에 대한 자신감이 커집니다.
- 자산 배분을 잘하려면 자신의 시간 지평과 위험 감도를 고려해 적정한 위험 수준이 어느 정도인지 정해야 합니다.

마음의 평화를 가져다주는 것은? 기도, 명상, 자산 배분.

— 냅킨 파이낸스

로보어드바이저

투자 자동화

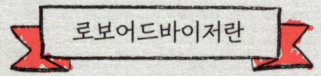

자산을 관리하는 컴퓨터 프로그램

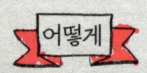 **1단계** 질문에 답한다. → **2단계** 로보어드바이저가 모범 포트폴리오를 만든다. → **3단계** 자동으로 관리한다

 <u>로보어드바이저</u> <u>인간 투자자문가</u>

편향성이 없다. 　 개개인의 상황을 고려한다.

수수료가 저렴하다. 　 소정의 수수료가 있다.

절세 효과가 있다. 　 정서적으로 기댈 수 있다.

06
로보어드바이저

Robo-Advisor

로보어드바이저는 인간을 대신해 자산을 관리해주는 컴퓨터 프로그램입니다. 베터먼트Betterment, 웰스프런트Wealthfront 같은 스타트업이 탄생시켰으며, 이후 큰 성공을 거두면서 이제는 찰스슈왑Charles Schwab, 피델리티Fidelity, 뱅가드Vanguard 같은 거대 금융기관에서도 사용합니다.

사용 방법

- 1단계: 로보어드바이저 업체에 온라인 계정을 만들고 예치금을 넣는다.
- 2단계: 투자 목표, 시간 지평, 위험 감도를 파악하기 위한 기본적인 질문에 답한다.

- 3단계: 로보어드바이저가 투자자의 답변을 토대로 투자 포트폴리오를 생성한다. 보통은 몇 가지 투자 전략과 포트폴리오가 미리 정해져 있다.
- 4단계: 로보어드바이저가 포트폴리오대로 예치금을 투자한다.
- 5단계: 로보어드바이저가 포트폴리오를 모니터링하면서 시장의 움직임, 투자자가 선택한 전략, 투자자의 위험 감도 변화에 대응해 자동으로 투자 상품을 매매한다.

인간과 로보어드바이저의 비교

로보어드바이저는 기존의 인간 투자자문가와 뚜렷한 차이점이 있습니다.

	로보어드바이저	인간
수수료	대체로 저렴하다(예: 연 0.25%).	비쌀 수도 있다(예: 연 1%).
조언의 성격	편향되지 않고 객관적이다.	투자자 개개인의 상황을 고려하고 주관적이다.
선택의 폭	포트폴리오가 많지 않지만 대체로 견실하다.	자문가에 따라 포트폴리오의 구성과 품질이 천차만별이다.
특징	많은 업체가 특수한 매매전략으로 투자소득에 붙는 세금을 최소화한다.	투자에 대한 걱정이 있을 때 믿고 상담할 수 있는 사람이 생긴다.
잘 맞는 사람	요구 사항이 단순하고 마음 편히 투자하는 사람	요구 사항이 복잡하고 의지할 곳이 필요한 사람

재미있는 사실

- 로보어드바이저가 관리하는 자산이 2008년 0달러에서 2012년 10억 달러, 2017년 2,000억 달러로 폭발적으로 증가했습니다. 2025년이면 무려 16조 달러에 이를 전망입니다.
- 일부 로보어드바이저 업체에서는 투자자가 투자자문가와 통화할 수 있는 서비스를 제공하기 시작했습니다(투자 결정은 여전히 컴퓨터가 합니다). 천하의 밀레니얼 세대도 사람의 목소리가 그리울 때가 있으니까요.

핵심 정리

- 로보어드바이저는 자동으로 투자자의 돈을 운용하는 컴퓨터 프로그램입니다.
- 로보어드바이저는 보통 몇 개의 포트폴리오나 전략을 정해놓고 투자자의 위험 감도에 맞춰 선택합니다.
- 인간 투자자문가와 비교했을 때 로보어드바이저는 수수료가 저렴한 대신 정서적인 안정감은 덜합니다.

속옷 바람으로 투자 조언을 듣고 싶다면 로보어드바이저가 딱이다.

– 냅킨 파이낸스

3장 퀴즈

01 투자란?

- a. 국가가 허락한 도박
- b. 상위 1%로 가는 확실한 방법
- c. 지폐 2장을 어두운 상자 안에 넣고 아기 지폐가 탄생하길 기다리는 것
- d. 이득을 기대하며 경제 성장의 열차에 올라타는 것

02 은행 예·적금은 원금이 기하급수적으로 불어나기 때문에 장기적으로 탁월한 수익성을 보인다.

- a. 그렇다.
- b. 아니다.

03 주요 투자 자산군은?

- a. 주식, 예치금, 채권
- b. 주식, 채권, 현금, 대체 투자 상품
- c. 침대 밑 지폐뭉치, 자루 속 동전, 지하실의 금괴
- d. 맏이, 둘째, 막내

04 주식이란?

a. 기업의 소유권을 나눠놓은 것

b. 술로 때우는 한 끼

c. 증권사에서 무상으로 나눠주는 투자 상품

d. 기업이 은행에서 돈을 빌릴 때 작성하는 증서

05 다음 중 대체 투자 상품이 아닌 것은?

a. 헤지펀드

b. 보석

c. 주식

d. 비틀스 친필 사인 앨범

06 분산 투자란?

a. 수익을 극대화하기 위해 한 종목을 여러 번에 걸쳐 매매하는 전략

b. 다양한 종류의 투자 상품에 투자금을 분산하는 전략

c. 투자소득에 붙는 세금을 최소화하는 전략

d. 여러 사람의 명의로 매매하는 전략

07 분산 투자를 하면 위험은 줄이면서 안정적인 수익을 도모할 수 있다.

a. 그렇다.

b. 아니다.

08 다음 중 분산 투자 방법이 아닌 것은?

a. 여러 국가에 투자한다.

b. 여러 산업에 투자한다.

c. 중소기업과 대기업에 골고루 투자한다.

d. 이름의 첫 글자가 서로 다른 기업에 투자한다.

09 일반적으로 위험성이 작은 투자가 수익성은 더 크다.

a. 그렇다.

b. 아니다.

10 흔히 위험이라고 하면 가격이 출렁이는 정도를 생각한다. 이를 무엇이라 부르는가?

a. 운동성

b. 유동성

c. 변동성

d. 활동성

11 다음 중 가장 위험한 투자 상품은?
a. 양도성예금증서
b. 암호화폐
c. 채권
d. 우선주

12 다음 중 가장 안전한 투자 상품은?
a. 클래식 바이크
b. 브라질 국채
c. 맥도날드 주식
d. 예·적금 통장

13 자산 배분이란?
a. 유형별 투자 현황을 백분율로 표시한 것
b. 국내 투자와 국외 투자 현황을 표시한 것
c. 자식들에게 물려줄 유산을 표시한 것
d. 소득의 사용처를 표시한 것

14 자산 배분을 잘하려면 생각해봐야 하는 것은?

a. 수중에 돈이 얼마 있고 평소에 운발이 얼마나 좋은지

b. 생물학적 연령에서 정신 연령을 뺀 값

c. 자신의 시간 지평과 위험 감도

d. 인스타그램 팔로워 수

15 나이만으로 간단히 자산 배분 비율을 결정할 수 있다.

a. 그렇다.

b. 아니다.

16 로보어드바이저란?

a. 대박이 터질 주식만 고르는 족집게 알고리즘

b. 자동으로 투자금을 운용하는 컴퓨터 프로그램

c. 앱에서 키우는 디지털 반려동물

d. 500만 년 전에 지구를 정복한 외계 로봇 종족

17 다음 중 로보어드바이저의 장점이 아닌 것은?

a. 수수료가 저렴하다.

b. 편향되지 않은 조언을 제공한다.

c. 절세 효과가 있다.

d. 수많은 포트폴리오를 제시한다.

18 인간 투자자문가가 로보어드바이저보다 확실히 나은 점은?

a. 정부의 강도 높은 규제를 받는다.

b. 투자 상품의 가치가 폭락했을 때 어깨에 기대 울 수 있다.

c. 수수료가 저렴하다.

d. 성질이 났을 때 화풀이할 수 있다.

정답

1. d	2. b	3. b	4. a
5. c	6. b	7. a	8. d
9. b	10. c	11. b	12. d
13. a	14. c	15. a	16. b
17. d	18. b		

4장 짜릿한 롤러코스터

도대체 주식이 뭐길래 이 난리야?

주식

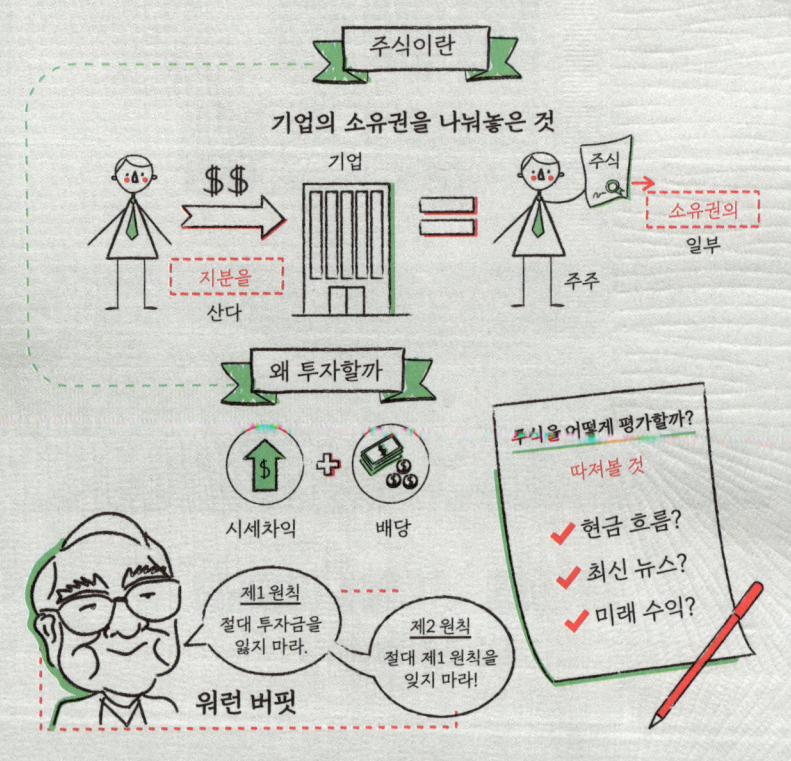

01
주식

Stocks

주식은 기업의 소유권을 나눠놓은 것입니다. 예를 들어 아마존 주식을 1주 샀고 아마존에서 발행한 주식이 총 100만 주라고 하면 아마존을 100만 분의 1만큼 소유한 것입니다(아마존의 실제 발행주식수는 약 5억 주입니다).

주식에 투자하는 이유

사람들은 예·적금 같은 안전자산보다 높은 수익률을 기대하고 주식에 투자합니다. 주식으로 수익을 올리는 방법은 크게 두 가지입니다.

- 시세차익: 주가가 100달러일 때 사서 150달러일 때 팔면 50%의 수익을 올릴 수 있다.

- 배당: 일부 기업은 수익 중 일부를 배당금의 형태로 주주에게 돌려준다. 예를 들어 100달러짜리 주식을 보유하고 있는데 분기마다 주당 2달러씩 배당금이 나온다면 연간 약 8%의 배당수익을 올리게 된다.

주가가 변하는 이유

주식시장은 초대형 경매시장이라고 볼 수 있습니다. 매 거래일에 아마존을 포함해 모든 상장기업(이 장의 '기업공개' 참고)의 주식이 매매 대상이 되고 잠재적 매도자와 매수자들이 희망 가격을 제시합니다.

이들의 줄다리기를 통해 주가가 오르락내리락합니다. 아마존 주식의 실제 가치가 3,000달러라고 생각하는 투자자는 누가 2,000달러에 판다고 하면 얼른 살 것입니다. 반대로 그 가치가 1,500달러밖에 안 된다고 생각하는 투자자는 2,000달러를 준다고 하면 얼른 팔겠죠.

그러면 투자자들은 주식의 가치를 어떤 방법으로 평가할까요? 최고의 평가법에 대해서는 의견이 많이 갈리지만, 가장 흔히 쓰는 방법은 기업의 미래 수익을 예측한 후 그에 대해 얼마를 지불할 용의가 있는지 따져보는 것입니다.

언론에서 어떤 기업에 대한 부정적인 뉴스가 나오면 투자자들이 미래 수익에 대한 예측치를 낮추기에 주가가 떨어집니다. 좋은 뉴스는 그 반대겠죠?

주요 용어를 알아보자

주식을 이야기하려면 이런 용어를 필수로 알아야 합니다.

- 배당금: 기업이 주주에게 정기적으로 지급하는 돈. 모든 기업이 배당금을 주는 건 아니다. 일반적으로 신생 기업은 사업을 계속 키우기 위해 사내에 현금을 쌓아두는 것을 선호한다.
- 주당순이익EPS: 일정한 기간의 총이익을 발행주식수로 나눈 수치. 총이익 중 각 주주의 '몫'이 얼마인지 추정한 값이라고 할 수 있다(실제로 주주에게 그 돈이 지급되는 건 아니다).
- 주가: 현재 주식이 시장에서 거래되는 가격
- 종목 코드: 각 주식 종목을 식별하기 위한 코드. 예컨대 아마존 주식의 코드는 AMZN이다.

재미있는 사실

- 재미있는 종목 코드를 쓰는 기업도 있습니다. 할리데이비슨Harley-Davidson은 HOG(할리데이비슨의 별명이자 할리데이비슨 동호회의 약자 - 옮긴이), 침대 회사 실리Sealy는 ZZ, 하이네켄Heineken은 HEINY('엉덩이'와 '독일인'을 뜻하는 속어인 'heinie'와 발음이 같음 - 옮긴이)입니다.
- 본의 아니게 숫자를 잘못 입력해서 생기는 오류를 '두툼한 손가락

fat finger' 오류라고 합니다. 일례로 리먼브러더스Lehman Brothers 직원이 300만 파운드 주문을 넣는다는 게 그만 3억 파운드를 입력해서 런던 증권거래소의 시가총액이 순식간에 300억 파운드나 증발하는 사건이 있었습니다.

핵심 정리
- 주식은 기업의 소유권을 나눠놓은 것입니다.
- 투자자는 시세차익과 배당으로 수익을 올립니다.
- 기업의 미래 수익에 대한 투자자의 예측이 주가를 결정하는 중대 요인입니다.

> 내 인생의 대주주는 나일까, 아니면 대출을 내준 은행일까?
>
> – 냅킨 파이낸스

주식시장

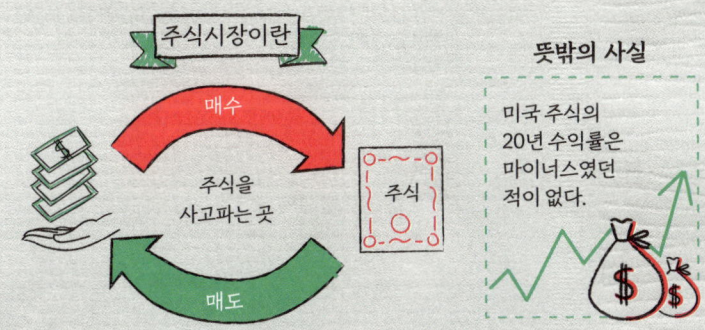

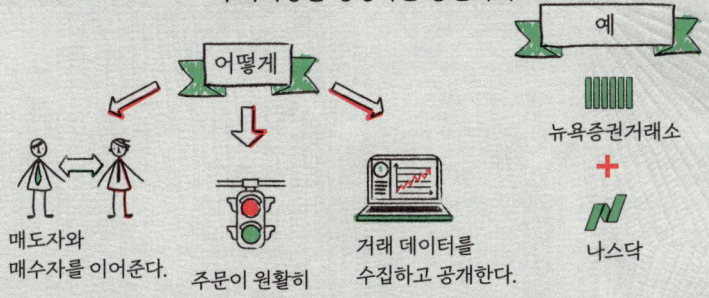

4장 짜릿한 롤러코스터

02 주식시장

Stock Market

주식시장은 주식이 거래되는 오프라인 시장(객장)과 온라인 시장을 아우르는 개념입니다. 대부분의 주식 거래는 증권거래소에서 이뤄집니다. 주식시장이 초대형 경매시장이라면 각각의 증권거래소는 개별 경매장이라고 할 수 있습니다.

증권거래소의 기능

미국의 대표적인 증권거래소는 다음과 같습니다.

- 뉴욕증권거래소NYSE: 객장이 존재하지만 온라인 주문도 받는다.
- 나스닥: 온라인 거래만 가능하다.

증권거래소의 역할은 크게 세 가지입니다.

- 매도자와 매수자를 이어준다.
- 거래 주문이 원활히 처리되게 한다.
- 투자자가 시장 현황을 알 수 있게 거래 데이터를 수집하고 공개한다.

투자자들은 해당 증권거래소에 '상장된' 주식만 거래할 수 있습니다. 보통은 개인 투자자가 증권거래소에서 직접 거래하지 않습니다. 그 대신 증권사 계좌를 만들어서 구체적인 절차는 증권사에 일임하죠.

주식시장이 움직이는 이유

주식시장은 개별 주식의 총합입니다. 투자자들이 어떤 기업의 수익 예측치를 높이거나 낮추면서 그 기업의 주가가 움직이면 그에 따라 전체 시장도 미세하게 움직입니다.

그런데 수많은 종목이 일제히 오르락내리락할 때가 많습니다. 경제에 광범위하게 영향을 미치는 요인들 때문이죠. 그렇게 시장에 강한 입김을 발휘하는 요인에는 다음과 같은 것들이 있습니다.

경제 성장	경제 성장률 상승 = 기업 이익 상승 = 주가 상승 경제 성장률 하락 = 기업 이익 하락 = 주가 하락
금리	금리 상승 = 주가 하락 금리 하락 = 주가 상승
세율	기업 이익에 대한 세율 하락 = 주가 상승 기업 이익에 대한 세율 상승 = 주가 하락
인플레이션	강력한 인플레이션 또는 강력한 디플레이션 = 불확실성 증가 = 주가 하락 완만한 인플레이션 = 불확실성 감소 = 주가 상승
타국의 경제 성장	경제 성장률 상승 = 기업의 국외 매출 상승 = 주가 상승 경제 성장률 하락 = 기업의 국외 매출 하락 = 주가 하락
충격적 사건	테러, 기후 재난 등 대형 사건 = 불확실성 증가 = 주가 하락

재미있는 사실

- 월스트리트Wall Street라는 이름은 진짜 벽wall과 관련이 있습니다. 17세기에 맨해튼에 정착한 네덜란드인들이 영국의 침략에 대비해 방벽을 세운 데서 유래했습니다.
- 월스트리트가 명실공히 금융의 중심지가 된 계기는 그로부터 또 1세기가 지나서 일단의 중개인들이 버튼우드buttonwood 밑에서 맺은 협약입니다. 이 버튼우드협약이 뉴욕증권거래소의 효시입니다.

- 미국 주식은 길면 몇 년쯤 손실이 나더라도 항상 회복됐습니다. S&P500의 20년 수익률은 언제를 기점으로 하든 마이너스였던 적이 없습니다.

핵심 정리
- 증권거래소는 매도자와 매수자를 이어주고 거래 주문이 원활히 처리되게 합니다.
- 주식시장은 개별 주식들의 총합입니다. 따라서 개별 주식이 움직이면 주식시장도 움직입니다.
- 경제 성장, 금리, 세율, 인플레이션이 주식시장의 전반적 움직임에 영향을 미칩니다.

> 어른이 된다는 건 지키지도 않을 계획을 세우고, 알지도 못하는 주식에 대해 아는 척하게 된다는 것이다.   – 냅킨 파이낸스

불마켓과 베어마켓

불마켓과 베어마켓이란

주식시장의 동향

불마켓
(주가 상승)

- 경제 팽창
- 실업률 감소 또는 유지
- 평균 지속 기간 9년

베어마켓
(주가 하락)

- 경제 수축
- 실업률 증가
- 평균 지속 기간 1년

탐욕에 관한 월스트리트의 오래된 격언

✓ 황소도 돈을 벌고
✓ 곰도 돈을 벌지만

돼지는 도축당한다!

03
불마켓과 베어마켓

Bull Market vs. Bear Market

월스트리트에서 황소와 곰이 거래되는 건 아닙니다. 불마켓bull market과 베어마켓bear market은 투자자들이 주식시장의 동향을 말할 때 쓰는 용어입니다.

불마켓이란?

불마켓은 주가가 전반적으로 상승하는 시기로, 강세장이라고도 합니다. 보통은 이런 현상과 관련이 있습니다.

- 경제 팽창
- 실업률 감소 또는 유지

- 기업의 이익 증가
- 안정적인 인플레이션 또는 인플레이션 심화

종종 전문가의 입에서 시장이나 어떤 종목이 '황소 같다'는 말이 나오기도 합니다. 그 사람이 생각하기에 시장이나 해당 종목이 상승할 것 같다는 뜻입니다.

베어마켓이란?

베어마켓은 주가가 전반적으로 하락하는 시기, 구체적으로 말하자면 주요 주가지수가 20% 이상 하락한 시기를 말하며 약세장이라고도 부릅니다(지수의 하락률이 20% 미만일 때는 베어마켓이라 하지 않고 '조정'을 받았다고 표현합니다). 베어마켓은 주로 다음과 같은 현상과 맞물려서 나타납니다.

- 경제 수축
- 실업률 증가
- 기업 이윤 감소
- 디플레이션 또는 불안정한 인플레이션

전문가들은 특정 종목이나 자산군에 대해 '곰 같다'는 말을 쓰기도 합니다.

대응법

사실 주식시장을 항상 베어마켓과 불마켓으로 깔끔하게 정의할 수 있는 건 아닙니다. 며칠 연속으로 주가가 떨어지는 게 베어마켓의 시작일 수도 있지만, 단 며칠만 이상 징후를 보인 후 다시 힘차게 상승하기도 합니다.

투자자들은 매도 타이밍을 잡기 위해 언제 불마켓이 끝날지 예측하느라, 또 매수 타이밍을 잡기 위해 언제 베어마켓이 끝날지 예측하느라 많은 시간(그리고 돈)을 낭비합니다. 하지만 그 전환점을 매번 정확히 예측할 수 있는 사람은 없습니다. 불마켓이 됐든 베어마켓이 됐든 그저 묵묵히 버티는 사람이 훨씬 좋은 성과를 냅니다.

"곰이 못 후려치는 가격 없고, 황소가 못 쳐올리는 가격 없다."

— 미상

재미있는 사실

- 미국 주식시장에서 지금까지 불마켓의 평균 지속 기간은 9.1년, 평균 수익률은 480%였습니다.
- 미국 주식시장에서 지금까지 베어마켓의 평균 지속 기간은 1.4년, 평균 수익률은 -41%였습니다.
- '불'과 '베어'라는 말은 두 동물의 공격법에서 따왔습니다. 황소는 뿔

을 쳐올리고 곰은 앞발을 내리칩니다.

"롤러코스터에서 다치는 건 뛰어내리는 사람들뿐이다."

- 폴 하비 Paul Harvey, 방송인

핵심 정리

- 불마켓은 주가가 전반적으로 상승하고 경기가 좋은 시기를 말합니다.
- 베어마켓은 주가가 전반적으로 하락하고 경기가 나쁜 시기를 말합니다.
- 시장이 언제 전환될지 완벽히 예측할 수 있다면 손실은 하나도 안 보고 모든 상승분을 이익으로 챙길 수 있을 것입니다. 하지만 현실적으로 봤을 때 대부분의 사람에게 가장 좋은 방법은 시장이 상승할 때나 하락할 때나 묵묵히 버티는 것입니다.

20대는 신진대사의 불마켓이고 50대는 머리숱의 베어마켓이다.

- 냅킨 파이낸스

펀드

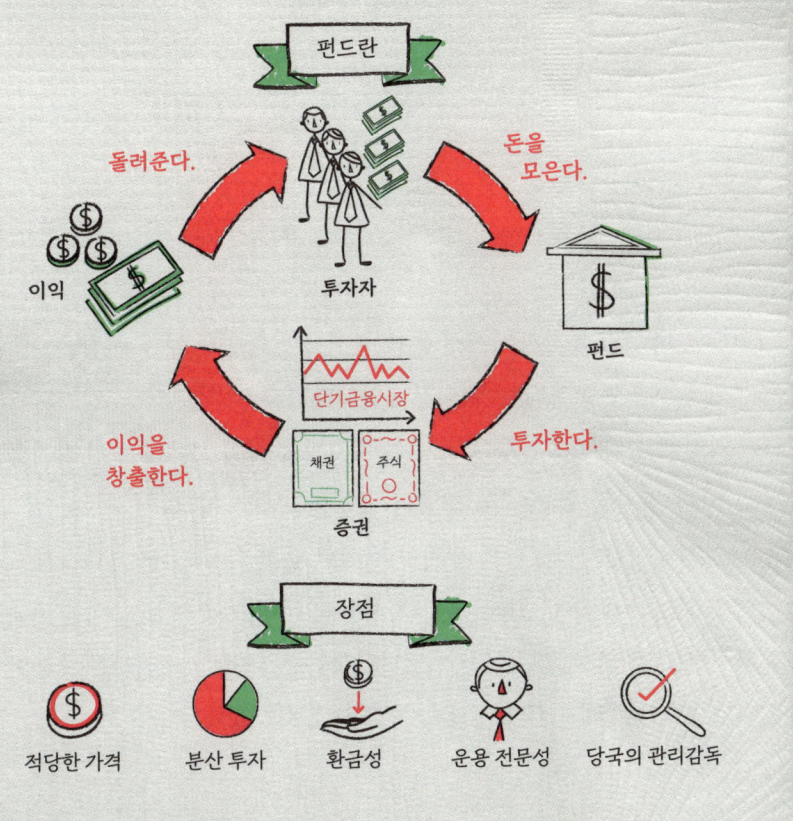

04
펀드
Funds

펀드는 다수의 투자자에게서 돈을 끌어모아 다양한 투자 자산을 구매하고 전문적으로 운용하는 투자 상품입니다.

이렇게 생각하면 쉽습니다. 주식과 채권을 직접 선택하는 건 밥상을 직접 차리는 것과 같습니다. 영양의 균형을 고려하며 좋은 재료를 골라서 손수 요리하는 거죠. 펀드 투자는 적당한 돈을 주고 전문 요리사를 고용하는 것이라고 볼 수 있습니다. 그 사람이 대신 장을 보고 음식을 만들죠. 하지만 그게 균형 잡힌 식단인지 판단하는 건 여전히 요리사를 고용한 사람의 몫입니다(바가지를 쓰지 않았는지 따져보는 것도요).

펀드 이용법

펀드 이용하는 방법은 대략 다음과 같이 설명할 수 있습니다.

- 1단계: 투자자가 펀드 지분을 매수한다.
- 2단계: 펀드운용사가 투자자들의 돈으로 포트폴리오를 만든다. 주로 주식과 채권으로 구성된다.
- 3단계: 투자자에게 배당금·이자·차익이 지급되면, 투자자는 그 돈을 펀드에 재투자할 수 있다(최초로 투자할 때 이런 소득을 어떻게 처리할지 선택하는 펀드도 있는데 보통은 나중에 다시 선택할 수 있다).
- 4단계: 펀드에 들어 있는 돈은 언제든 현금으로 인출할 수 있다.

펀드의 장점

펀드가 인기 있는 이유는 다음과 같은 특징 때문입니다.

- 운용 전문성: 펀드운용사는 투자자들에게서 모은 거액의 돈으로 우수한 펀드매니저를 기용할 수 있다. 대규모 조사 분석팀을 운영하는 곳도 있다.
- 분산 투자: 많은 펀드가 수백(또는 수천) 종의 증권에 투자하므로, 투자자는 1~2개의 펀드에만 투자해도 고도로 분산된 포트폴리오를 가

질 수 있다.
- 환금성: 펀드 지분을 주식처럼 하루에도 몇 번씩 매매할 수는 없어도 보통은 아무 거래일에든 사고팔 수 있다.
- 적당한 가격: 몇백, 몇천 달러로 투자를 시작할 수 있는 펀드가 많다. 수수료는 제각각이지만, 대체로 헤지펀드보다 훨씬 저렴하고 투자금 100달러당 단돈 몇 센트를 수수료로 받는 초저가 펀드도 존재한다.
- 당국의 관리감독: 펀드는 정기적으로 자산운용보고서를 발행하고, 매일 보유 자산의 가치를 공시해야 하며, 엄격하게 정해진 자산 구입 조건을 따라야 한다(그래서 버니 메이도처럼 사기를 치는 게 원천적으로 불가능하다).

펀드의 종류

세상에는 각양각색의 상품에 투자하는 펀드가 존재하는데 크게 다음과 같이 나눌 수 있습니다.

- 주식형 펀드: 주식에 투자
- 채권형 펀드: 채권에 투자
- 머니마켓(단기금융시장)펀드: 매우 안전한 단기 부채에 투자

- 혼합형 펀드: 주식과 채권에 함께 투자
- 생애주기펀드: 고도로 분산된 포트폴리오에 투자(투자자의 은퇴 시점이 가까워질수록 보수적으로 운용된다.)

재미있는 사실

- 회계 분석이 특기이자 취미인 해리 마코폴로스Harry Markopolos는 버니 메이도프의 행보에서 수상한 낌새를 눈치챘습니다. 그래서 2005년에 '세계 최대 헤지펀드는 사기극입니다'라는 편지를 보내는 등 메이도프가 사기꾼이라고 당국에 수차례 경고했으나 번번이 무시당했습니다. 메이도프의 펀드는 2008년에 파산했습니다.
- 현존 최장수 펀드는 1924년에 등장한 MFS 메사추세츠투자신탁펀드Massachusetts Investors Trust입니다.

핵심 정리

- 펀드는 투자자들의 돈을 모아서 다양한 증권으로 구성된 포트폴리오를 만듭니다.
- 펀드의 장점은 운용 전문성, 분산 투자의 용이성, 비교적 저렴한 수수료, 당국의 강력한 관리감독입니다.
- 펀드는 다양한 자산에 투자합니다. 펀드의 위험성과 수익성은 보유

한 자산에 따라 달라집니다.

> 투자의 위험성을 줄이고 싶다면 분산 투자 펀드에 투자하고, 옆구리살의 위험성을 줄이고 싶다면 헬스장 회원권에 투자하라.   - 냅킨 파이낸스

ETF

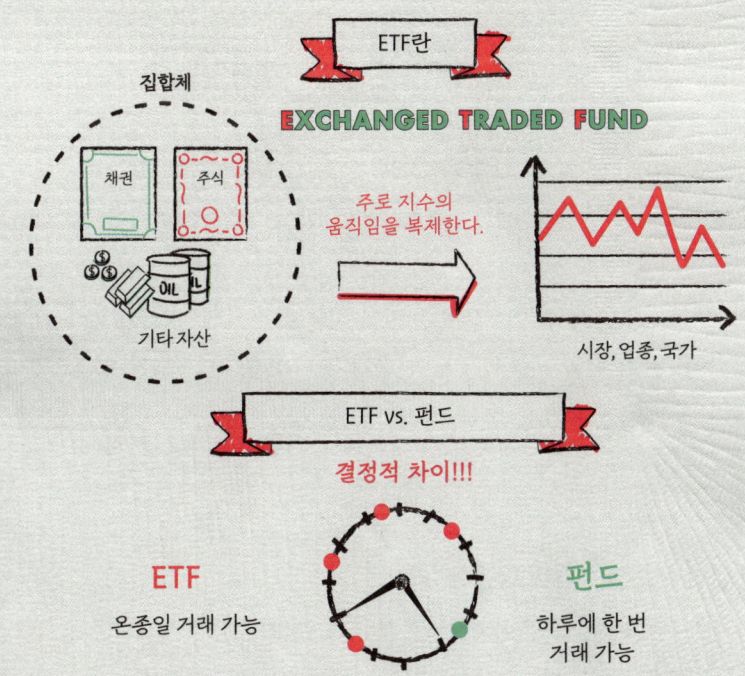

4장 짜릿한 롤러코스터

05
ETF

ETFs

상장지수펀드ETF, Exchange Traded Fund는 주식처럼 증권거래소에서 거래되는 펀드입니다. 일반 펀드처럼 ETF도 전문가가 다양한 자산에 투자하고 운용합니다. 투자자는 ETF를 통해 다가화된 포트폴리오를 구성할 수 있습니다.

ETF와 일반 펀드는 무엇이 다를까

ETF와 펀드는 다음과 같은 점에서 큰 차이가 있습니다.

ETF	펀드
주식처럼 거래소에서 거래된다. 따라서 거래일 내내 가격의 등락을 확인할 수 있다.	온종일이 아니라 하루에 한 번만 가치가 평가된다.

주식처럼 거래일 내내 매매할 수 있다.	하루에 한 번만 매수하거나 환매할 수 있다.
대부분이 인덱스펀드다. 즉, 시장의 수익률을 이기려고 하는 게 아니라 지수의 수익률을 추종한다.	인덱스펀드도 있긴 하지만 상당수가 액티브펀드, 즉 펀드매니저가 적극적으로 투자대상을 선정하는 펀드다.
보유하고 있는 동안에는 보통 최소한의 세금만 발생한다.	보유하고만 있어도 상당한 세금이 발생할 수 있다.

ETF 인기의 이유

최근 ETF의 인기가 치솟은 데는 몇 가지 이유가 있습니다.

- 인덱스투자가 인기다. 시장의 수익률을 능가하려고 하는 액티브펀드보다 시장의 수익률을 따라가려고 하는 인덱스펀드에 투자할 때 평균적으로 더 좋은 성과가 나온다는 사실이 입증됐다.
- 펀드보다 수수료가 저렴하다. 인덱스펀드도 수수료가 저렴하지만 인덱스ETF는 더 저렴하다(비싼 수수료 = 낮은 수익).
- 소액으로 시작할 수 있다. ETF는 딱 1주만 사도 된다(펀드는 보통 초기 투자금으로 수천 달러가 필요하다).
- 사실상 모든 것에 투자할 수 있다. ETF도 펀드처럼 일반적인 주식이나 채권을 보유할 수 있는데, 좀 특이한 투자를 가능하게 하는 ETF

도 있다. 예를 들면 금을 실물로 보유하는 ETF, 매일 유가의 등락을 추종하는 ETF, 바이오 주식에만 투자하는 ETF가 존재한다.

재미있는 사실

- SPDR Gold Shares ETF는 유럽 최대의 투자은행 HSBC 런던 금고에 약 7만 개의 400온스(약 11.3킬로그램 - 옮긴이)짜리 골드바를 보유 중입니다. 1년에 한 번씩 업체를 불러서 골드바가 하나도 빠짐없이 잘 있는지 확인한다는군요.
- 현재 미국에서 ETF에 투자된 금액은 약 4조 달러입니다.

핵심 정리

- ETF는 펀드와 비슷하지만 증권거래소에서 종일 거래된다는 차이점이 있습니다.
- ETF는 S&P500 같은 지수의 수익률을 추종하는 인덱스펀드가 주를 이룹니다.
- 최근 들어 ETF의 인기가 치솟은 이유는 수수료와 세금이 펀드보다 적게 나가고 투자자들이 인덱스펀드로 관심을 돌렸기 때문입니다.

상장지수펀드ETF 만든 사람 진짜 누가 상장 좀 줘라.   - 냅킨 파이낸스

채권

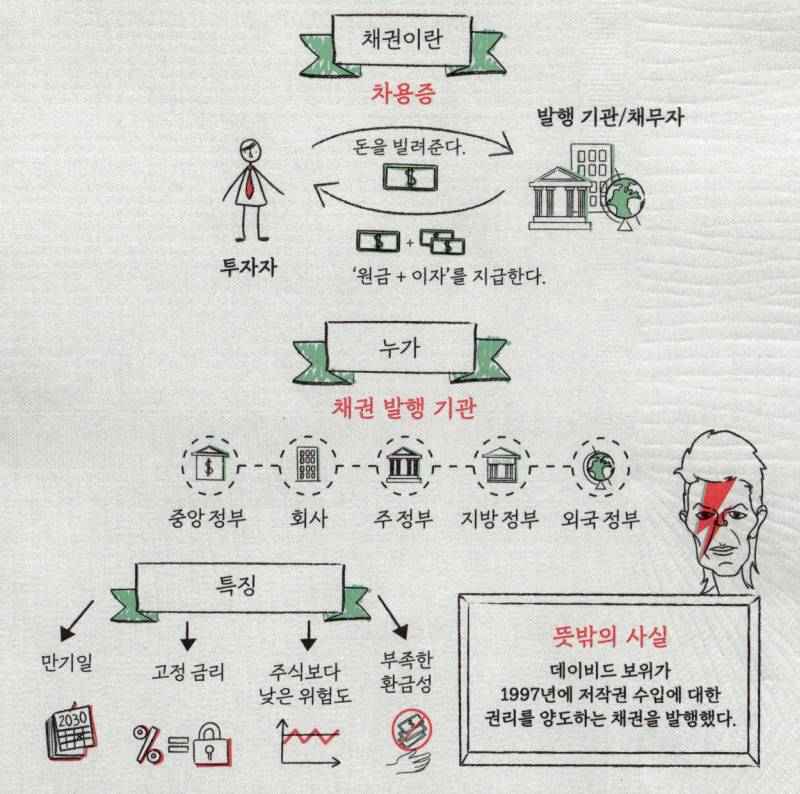

06
채권

Bonds

채권은 한마디로 차용증입니다. 채권을 매수하면 채권 발행 기관에 돈을 빌려준 사람이 됩니다. 발행 기관에서는 정기적으로 이자를 지급하고, 채권의 만기일이 되면 원금 또는 채권의 액면가를 돌려줍니다.

채권의 특징
채권은 다음과 같은 면에서 주식과 다릅니다.

- 고정 금리: 대부분의 채권은 이자율이 바뀌지 않는다. 예를 들어 액면가가 1,000달러이고 이자율이 5%인 채권이 있다면, 매년 50달러의 이자가 지급된다.

- 만기일: 만기일이 30년 후인 채권도 있고 1년 후인 채권도 있다. 대부분의 채권은 구체적인 만기일이 정해져 있으며, 그 날짜에 원금을 돌려준다.
- 신용등급: 신용등급은 채권 발행 기관이 이자와 원금을 제때 지급할 가능성을 말한다. 최고 등급은 AAA이며, 신용등급이 낮은 채권은 정크본드라고 부른다. 정크본드는 이자율이 높은 대신 재정이 불안정한 회사에서 발행했기 때문에 채무불이행이 발생할 확률이 높다.
- 낮은 위험도와 수익률: 채권은 주식보다 위험도가 낮고 수익률도 낮다.
- 거래의 어려움: 주식은 웬만한 증권사에서 쉽게 거래할 수 있지만, 채권은 개인이 직접 매수하기가 쉽지 않고 매도할 때도 좋은 가격을 받기 어렵다.

채권의 종류

채권은 크게 세 종류로 나뉩니다.

- 국채: 중앙 정부가 발행한다.
- 지방채: 지방 정부가 발행한다.
- 회사채: 회사가 발행한다.

재미있는 사실

- 가수 데이비드 보위David Bowie가 1997년에 자신의 저작권 수입에 대한 권리를 일시적으로 양도하는 채권을 발행했습니다. 보위 채권의 이자 수익률은 연 8%였습니다.
- 디즈니Disney와 코카콜라Coca-Cola, 아르헨티나와 호주는 100년 만기 채권을 발행했습니다.

핵심 정리

- 채권은 부채입니다. 채권을 매수하면 채권 발행 기관에 돈을 빌려준 사람이 됩니다.
- 일반적으로 채권은 이자율이 바뀌지 않고 만기일이 정해져 있습니다.
- 채권은 주식보다 위험도가 낮은 대신 수익률도 낮습니다.

인생도 채권처럼 만기일을 알 수 있다면 좋을까, 나쁠까?

– 냅킨 파이낸스

기업공개

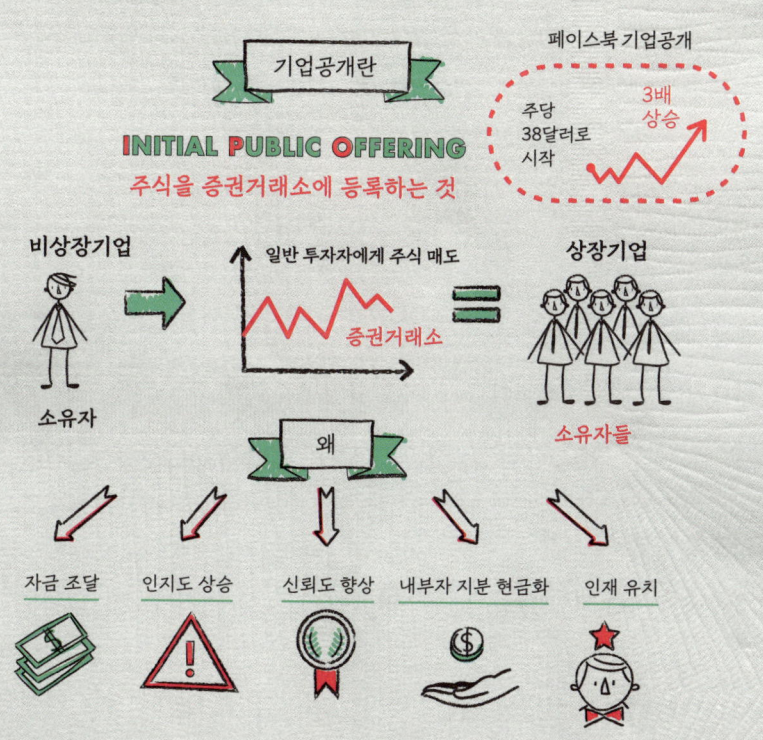

07 기업공개
IPO

기업공개IPO, Initial Public Offering는 기업의 주식이 증권거래소에 등록되어 일반인들의 투자가 가능해지는 것을 말합니다. '신규 상장'이라고도 부릅니다.

기업공개 절차
기업공개 절차는 보통 다음과 같습니다.

- 1단계: 기업이 설립될 때는 비상장기업이다. 즉, 공개적으로 거래되는 주식이 없다는 뜻이다. 이때는 보통 설립자와 직원 등 내부자들이 대부분의 지분을 보유하고 있다.

- 2단계: 기업이 공개를 결정한다. 투자은행을 선정해 주식을 얼마에 팔지, 몇 주를 팔지 등 구체적인 계획을 세운다.
- 3단계: 당국에 보고서를 제출한다. 이 보고서는 기업을 공개하겠다는 예고장과 같다. 여기에는 기업공개를 통해 유입될 것으로 예상되는 금액과 현재 회사의 재무 상황이 구체적으로 기재된다.
- 4단계: 투자은행이 상장될 주식을 매수한다.
- 5단계: 기업공개 당일에 정해진 증권거래소에서 거래가 시작되면 투자은행이 주식을 일반 투자자에게 매도한다.

기업공개를 하는 이유

기업을 공개하는 주된 목적은 사업을 확장하기 위한 자금을 조달하는 것입니다. 그 밖에 이런 목적도 있습니다.

- 내부자 지분 현금화: 일찍부터 합류한 직원들이 회사의 지분을 많이 갖고 있어도 그것을 팔 길이 없으면 돈이 안 되는데, 기업이 공개되면 비로소 지분을 팔 수 있다.
- 자부심 제고: 주요 거래소에서 주식이 거래된다는 것은 회사가 그만큼 신뢰할 만하다는 뜻이므로 구성원이 자부심을 느낄 수 있다.
- 관심 집중: 요란한 기업공개 과정을 통해 잠재적 투자자들의 관심을

집중시킬 수 있다.
- 인재 유치: 주식이 공개적으로 거래되면 직원에게 주식으로 보상을 제공하기가 수월해지고, 그만큼 매력적인 직장이 된다.

기업공개 vs. 추가 상장

기업공개 이후에도 주식을 상장할 수 있습니다. 이를 '추가 상장'이라고 하는데, 보통 기업공개만큼 큰 반향을 일으키진 못합니다.

재미있는 사실

- 뉴욕증권거래소는 신규 상장기업의 경영진이 당일 객장에서 개장 종을 울리는 관행이 있습니다.
- 기업공개 때 뜨거웠던 주식이 차갑게 식기도 하고 차가웠던 주식이 뜨겁게 달아오르기도 합니다. 스냅챗Snapchat은 첫 거래일에 주가가 44% 상승했지만 몇 년 만에 75% 이상 하락했습니다. 반대로 페이스북Facebook(현 메타Meta)은 첫 거래일에 주가가 떨어졌지만 몇 년 만에 300% 이상 상승했습니다.
- 기업공개 없이 상장할 수도 있습니다. 스포티파이Spotify는 2018년에 '직상장'을 했습니다. 직상장의 단점은 '신규' 자본을 유치할 수 없다는 것입니다(기존 투자자들이 지분을 현금화할 길이 생길 뿐입니다). 하지만 기

업공개만큼 과열 양상을 보이지 않기 때문에 주가의 변동성이 덜하다는 장점도 있습니다.

핵심 정리
- 기업공개는 기업의 주식이 주식시장에서 거래되기 시작하는 것입니다. '신규 상장'이라고도 합니다.
- 기업공개는 일차적으로 자금을 조달하는 수단이지만 그 외에 인지도를 높이거나 기존 투자자들이 지분을 현금화할 수 있도록 길을 열어주는 효과도 있습니다.

구글 주식을 기업공개 때 샀으면 지금쯤 구글 검색을 대신 해줄 비서를 고용할 수 있을 텐데!
- 냅킨 파이낸스

4장 퀴즈

01 **주식이란?**

a. 부채의 한 종류

b. 곧 휴지 조각이 될 것

c. 회사의 소유권을 나눠놓은 것

d. 국가에서 지급하는 식량 교환권

02 **투자자가 주식으로 수익을 올리는 방법은?**

a. 배당과 시세차익

b. 이자와 원금

c. 꽁갈과 협박

d. 사랑과 영혼

03 **주당순이익은 일정 기간의 총수익을 발행주식수로 나눈 수치다.**

a. 그렇다.

b. 아니다.

04 주식 거래를 위해 꼭 필요한 것은?

    a. 은밀한 정보를 줄 사람을 포섭한다.

    b. 증권거래소 객장에 간다.

    c. 인터넷 커뮤니티에서 주식으로 성공하는 비결을 검색한다.

    d. 증권사 계좌를 만든다.

05 다음 중 주식시장을 상승시키는 요인은?

    a. 달러 강세와 높은 관세

    b. 낮은 금리와 낮은 세율

    c. 일론 머스크(Elon Musk)의 화끈한 트윗

    d. 비아그라

06 미국 주식은 언제를 기점으로 하든 20년 수익률이 마이너스가 된 적이 없다.

    a. 그렇다.

    b. 아니다.

07 불마켓이란?

    a. 투자자들이 피를 보는 시기

    b. 주가가 상승하는 시기

c. 채권이 하락하는 시기

d. 마트의 육류 세일 기간

08 다음 중 베어마켓과 맞물리는 현상이 아닌 것은?

a. 안정적인 인플레이션

b. 경제 수축

c. 기업 이윤 감소

d. 실업률 증가

09 펀드란?

a. 온라인 투자의 일종

b. 은행에서 대출을 받으려면 가입해야 하는 것

c. 노후 자금 마련을 위한 집단 저축

d. 투자자들의 돈을 모아서 전문가가 운용하는 투자 상품

10 다음 중 펀드의 장점이 아닌 것은?

a. 당국의 관리감독

b. 운용 전문성

c. 수익 보장

d. 분산 투자

11 **ETF란?**

a. E등급 펀드

b. 〈ET〉의 팬클럽

c. 증권거래소에서 주식처럼 거래되는 펀드

d. AI가 운용하는 펀드

12 **다음 중 ETF의 인기 요인이 아닌 것은?**

a. 수수료가 저렴하다.

b. 소액으로 시작할 수 있다.

c. 현재 인덱스투자가 인기이고 대부분의 ETF가 인덱스펀드다.

d. 시장의 부침에 영향을 받지 않는다.

13 **주식과 비교할 때 채권은?**

a. 위험도와 수익률이 더 낮다.

b. 배당을 더 많이 준다.

c. 더 쉽게 매매할 수 있다.

d. 비교 자체가 주식에 대한 모욕이다.

14 채권의 신용등급 구성은?

a. AAA부터 ZZZ까지

b. AAA부터 정크본드까지

c. A+부터 F까지

d. 흰띠부터 검은띠까지

15 회사채에서 발생한 이자소득은 세금이 감면된다.

a. 그렇다.

b. 아니다.

16 기업공개란?

a. 기업의 권한을 허락하는 것

b. 기업의 기밀을 폭로하는 것

c. 기업의 주식을 증권거래소에 등록하는 것

d. 공기업을 민영화하는 것

17 다음 중 기업공개의 목적이 아닌 것은?

a. 자금 조달

b. 내부자들의 지분 현금화

c. 우수한 인재 유치

d. 세무사와 변호사에게 들어가는 비용 절감

정답

1. c	2. a	3. a	4. d
5. b	6. a	7. b	8. a
9. d	10. c	11. c	12. d
13. a	14. b	15. b	16. c
17. d			

5장
모두의 경제학

들어봤지만 정확히 알지 못하는 경제용어들

GDP

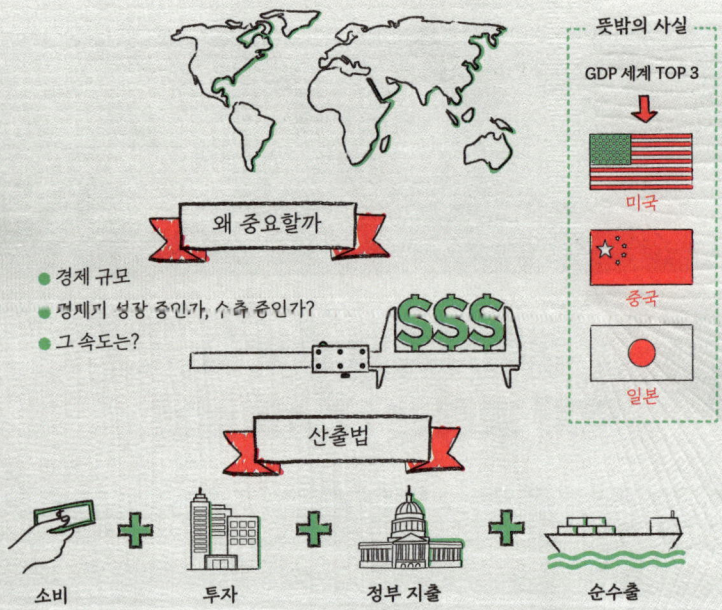

01
GDP

GDP

국내총생산, 즉 GDP Gross Domestic Product는 달러로 표시한 경제 규모입니다. 간단히 말해 한 나라에서 특정한 연도(또는 특정한 기간)에 생산한 모든 상품과 서비스에 달러 표시를 붙이는 것이죠.

GDP가 중요한 이유
GDP를 보면 '국가의 경제 규모'와 '경제의 성장 여부와 그 속도'를 알 수 있습니다.

투자자와 정부를 포함해 다양한 주체가 GDP를 주시하는 이유는 GDP가 경제 동향을 보여주는 최고의 지표라고 여겨지기 때문입니다. 경제가 좋을 때, 즉 확장기에는 GDP가 안정적으로 증가합니다. 이때는 노동자가 수월하게 일자리를 찾을 수 있고, 기업이 흑자를 내며, 주가가 상승합니다.

반대로 경제가 수축하는 침체기에는 노동자가 일자리를 잃고, 기업이 적자를 봅니다. 이때 대응을 잘못하면 경제가 나락으로 떨어집니다. 대표적인 예가 대공황입니다. 그래서 각국 정부는 침체의 징후를 미리 포착해서 그것을 피하거나 완화하는 쪽으로 손을 쓰기 위해 GDP를 예의 주시합니다.

GDP 산출법은?

GDP를 계산할 때는 크게 네 가지를 봅니다.

- 소비: 자동차, 스웨터, 식료품 등 우리가 구입하는 대부분 재화가 GDP에 합산된다.
- 투자: 기업이 공장을 신설하고 건설사가 아파트를 짓는 것 등이 포함된다.
- 정부 지출: 중앙 정부가 국방에 쓰는 돈, 지방 정부가 도로 보수 공사에 쓰는 돈 등이 여기에 해당한다.
- 순수출: 상품과 서비스의 수출량이 수입량보다 많으면(무역수지 흑자) 그 초과분이 GDP에 더해진다. 수출량이 수입량보다 적으면(무역수지 적자) 그 차이만큼 GDP에서 차감된다.

재미있는 사실

- 미국의 경제 규모는 약 20조 달러로 세계 1위이고 중국, 일본이 그다음입니다.
- 캘리포니아주를 나라로 치면 세계 5위의 경제 대국이라고 할 수 있습니다. 영국, 인도, 프랑스보다 경제 규모가 큽니다.
- GDP에는 합법적으로 오가는 돈만 합산됩니다. 마약 매매, 매춘, 촌지 등으로 은밀히 전달되는 돈은 포함되지 않습니다.

핵심 정리

- GDP는 달러로 표시한 경제 규모입니다.
- 투자자들은 경제 동향을 알기 위해 GDP를 주시합니다.
- GDP에는 개인, 기업, 정부가 구입한 상품과 서비스가 포함되지만 암시장, 불법적인 활동은 포함되지 않습니다.

아카데미 시상식에 참가한 여배우들의 의상과 소품을 보면 작은 나라 몇 개의 GDP를 합친 것 정도는 우습게 넘길 것 같다. – 냅킨 파이낸스

인플레이션

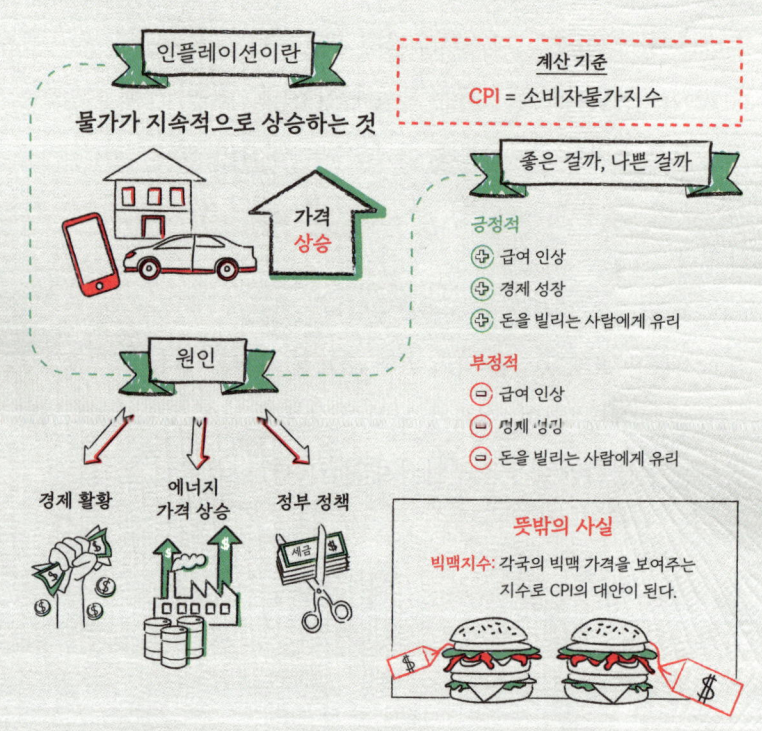

02
인플레이션

Inflation

1980년대에는 영화표가 3달러도 안 됐습니다. 요즘은 평균 9달러 정도죠. 이처럼 물가가 점점 상승하는 것을 인플레이션이라고 부릅니다.

> "인플레이션은 아직 머리카락이 있었을 때 5달러면 됐던 이발비가 10달러가 되더니, 다시 15달러가 되는 것이다."   - 샘 유잉 Sam Ewing, 야구선수

인플레이션은 왜 생길까?

인플레이션을 일으키는 요인은 여러 가지입니다.

- 경제 활황: 경제가 성장하면 인플레이션도 따라오는 게 일반적이다.

- 기업의 이윤이 늘어나면 직원의 급여가 인상되고, 그러면 사람들이 돈을 더 많이 쓴다. 그래서 물가가 상승한다.
- 에너지 가격 상승: 경제는 원유를 비롯해 여러 에너지원이 있어야 원활히 돌아간다. 에너지 가격이 오르면 상품을 만들어서 운송하는 비용과 매장의 불을 켜놓는 비용이 증가한다. 그래서 상품과 서비스의 가격이 오르는 것이다.
- 정부 정책: 정부가 세금이나 금리를 인하하거나 화폐를 발행하면 경제 성장과 인플레이션에 박차가 가해진다.

인플레이션은 좋은 걸까, 나쁜 걸까?

1980년대처럼 영화표가 3달러밖에 안 되고 집을 10만 달러에 살 수 있으면 좋겠다는 생각이 들 수도 있습니다. 하지만 적당한 인플레이션은 경제가 더 잘 굴러가게 하는 윤활유와 같습니다. 그리고 적당한 인플레이션이 디플레이션(물가 하락)보다 낫습니다. 디플레이션은 장기 불황을 부를 수 있기 때문입니다.

인플레이션에는 정부 정책이 영향을 미칩니다(이 장의 '연준' 참고). 많은 나라가 연간 2% 정도의 인플레이션율을 목표로 합니다. 그 정도면 완만하고 긍정적인 인플레이션이라고 보기 때문입니다.

인플레이션 측정 방법

정부는 물가지수로 인플레이션을 계산합니다. 이때 핵심이 되는 지표가 소비자물가지수CPI, Consumer Price Index입니다. 인플레이션을 측정하는 방법은 이렇습니다.

- 1단계: 경제학자들이 일정 기간에 일반 가정에서 구입하는 상품과 서비스를 대표하는 가상의 대표 품목군을 만든다.
- 2단계: 대표 품목군의 가격 변동을 관찰한다.
- 3단계: 대표 품목군의 구성은 사람들이 구입하는 상품과 서비스가 변하는 것에 맞춰 변경될 수 있다. 또한 그 가격 역시 품질 개선의 효과를 반영하기 위해 조정될 수 있다(예를 들어 우리가 스마트폰을 플립폰보다 비싸게 주고 사는 건 단순히 인플레이션 때문이 아니라 그게 더 발전한 형태이기 때문이다).

재미있는 사실

- 가격 변동을 측정하는 기준으로 빅맥지수란 것도 존재합니다. 이름에서 알 수 있다시피 국가별 빅맥 가격을 비교하는 것입니다.
- CPI는 논란이 많습니다. 일각에서는 그 계산법 때문에 인플레이션율이 과소평가된다고 주장합니다. 인플레이션율이 낮게 평가되면

정부 지출 중에서 인플레이션에 따라 인상되는 항목(예: 사회보장연금 지급액)의 인상폭이 작아지므로 정부가 써야 할 돈이 절약됩니다.

핵심 정리
- 인플레이션은 물가가 점점 상승하는 것입니다.
- 물가가 상승하면 안 좋을 것 같지만 완만한 인플레이션은 경제에 좋다는 게 중론입니다.
- 경제 성장, 에너지 가격 상승, 정부 정책 등이 인플레이션율에 영향을 미칩니다.

인플레이션으로 봉급이 오르면 뭐해, 물건 값도 같이 오르는데!

– 냅킨 파이낸스

경기 침체

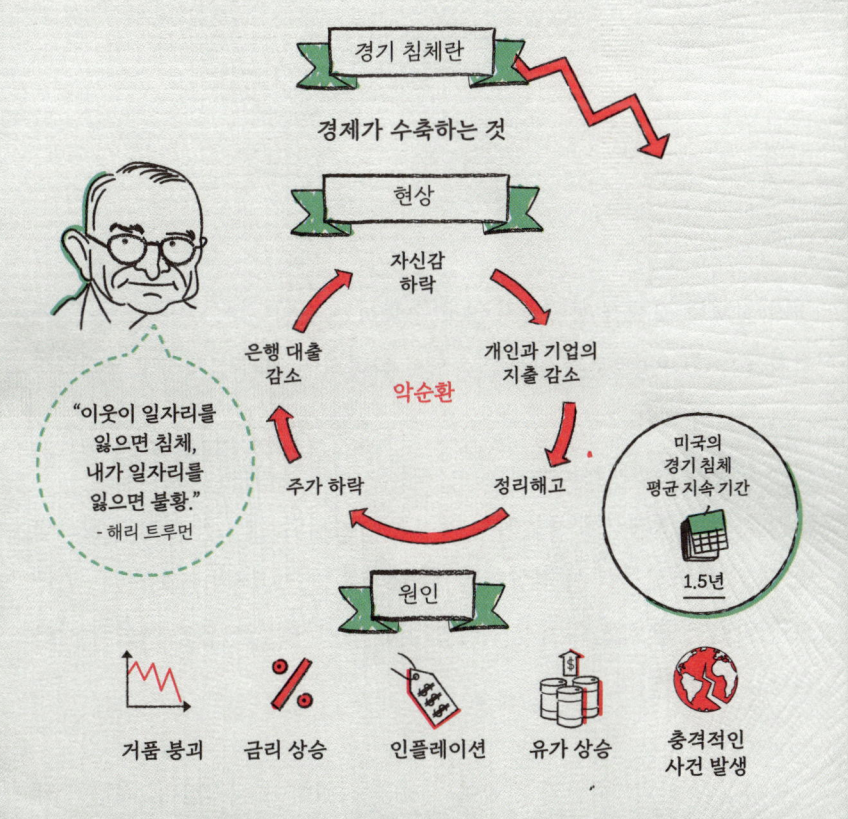

03
경기 침체

Recession

경기 침체는 경제가 성장하지 않고 수축하는 것입니다. 일반적으로 경제학자들은 GDP가 2분기 이상 연속으로 하락하면 경기 침체라고 봅니다.

경기 침체 시 동반되는 현상

경기 침체는 경제가 소용돌이에 빠지는 것입니다. 정도가 심하지 않으면 몇 달 만에 경제가 다시 정상화되지만(정부의 개입이 필요할 수 있습니다), 반대로 심각한 상황으로 이어지기도 합니다. 경기 침체는 보통 다음과 같은 현상을 동반합니다.

- 자신감 하락: 개인과 기업이 경제를 걱정하기 시작한다. 걱정이 돼

서 돈을 적게 쓴다.
- 이익 감소: 개인과 기업이 돈을 적게 쓰면 기업의 이익이 줄어들거나 적자가 발생한다.
- 실직: 기업은 이익이 감소하면 비용을 줄이려 한다. 그래서 정리해고를 단행한다.
- 주가 하락: 기업의 이익이 감소하면 그 주식의 가치도 하락한다. 이렇게 주가가 내려가면 사태가 더 심각해진다. 개인과 기업의 재산이 줄어든 만큼(투자 자산의 가치가 감소했으므로) 지출이 더욱 줄어들기 때문이다.
- 은행 대출 감소: 경제가 하락 국면에 접어들면 은행은 대출금을 못 돌려받는 것을 걱정한다. 그래서 대출에 인색해지고 이 역시 사태를 더 심각하게 만든다.

경기 침체의 원인

경기 침체는 복잡한 문제이기에 정확한 원인에 대해서는 전문가들 사이에서도 의견이 분분합니다. 부분적으로나마 영향을 미친다고 볼 만한 요인은 다음과 같습니다.

- 거품 붕괴: 어떤 투자 자산의 가격이 실체 가치를 초월해 급등하면

거품이 꼈다고 말한다. 이 거품이 꺼지면 가격이 급락하면서 다른 자산의 가격도 내려앉을 수 있다.
- 금리 상승: 금리가 높아지면 경제 성장에 제동이 걸린다.
- 인플레이션: 인플레이션이 심하면 경제가 원활히 돌아가지 못한다.
- 유가 상승: 역사적으로 유가의 급등이 경기 침체에 부분적으로나마 원인을 제공한 경우가 여러 번 있었다.
- 충격적인 사건 발생: 2001년 경기 침체의 원인이 9·11 테러로 주가가 폭락하고 소비자의 자신감이 무너진 것이었을 가능성을 배제할 수 없다.

경기 침체의 종식

경제는 성장과 침체를 반복합니다. 미국은 경기 침체가 와도 결국엔 회복됐습니다. 보통은 정부가 정책적으로 개입했죠.

재미있는 사실
- 미국의 경우 경기 침체의 지속 기간은 평균 1년 반 정도입니다.
- 2007~2009년 대침체의 여파로 미국에서 500개 이상의 은행이 문을 닫았습니다. 과거 대공황 때는 약 7,000개 은행이 파산했습니다. 그래서 지금은 연방예금보험공사에서 예금을 보호해줍니다.

핵심 정리

- 경기 침체는 경제가 수축하는 현상입니다.
- 경기 침체는 자신감 하락, 이익 감소, 소득 감소, 실업률 증가를 동반합니다.
- 경기 침체 당시에는 세상이 무너진 것 같았어도 항상 끝이 있었습니다.

경기 침체를 이겨내는 법: 신중한 계획, 근면한 노동, 넷플릭스 계정 공유하기.
– 냅킨 파이낸스

연준

연준이란

THE FEDERAL RESERVE

연방준비제도
미국의 중앙은행
경제와 금융이 원활히 돌아가게 한다.

앨런 그린스펀
전 의장

눈썹의 씰룩임이
금리 변동을
암시한다는 풍문이 있었다.

목적

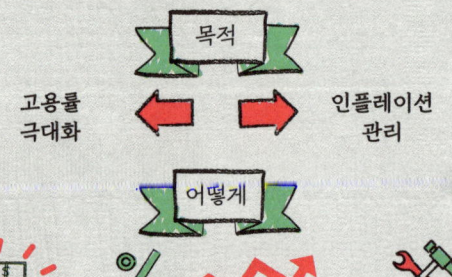

고용률
극대화

인플레이션
관리

어떻게

투자 자산 매매   단기금리 조절   필요에 따른 대응

정치적일까?
연준 의장은 대통령이 지명하지만
연준은 정치적으로 독립된 기관이어야 한다.

04
연준
Fed

연방준비제도Fed, Federal Reserve, 줄여서 연준은 미국의 중앙은행입니다. 연준의 존재 이유는 미국의 경제와 금융이 원활히 돌아가게 하는 것입니다.

목적
연준에는 공식적으로 두 가지 목적이 있습니다.

- 고용률을 지속 가능한 선에서 극대화한다.
- 물가를 안정시키고(즉, 인플레이션을 관리하고) 장기금리를 적정 수준으로 유지한다.

연준이 쓰는 수단

연준이 쓸 수 있는 방법에는 다음과 같은 것들이 있습니다.

무엇을	어떻게	왜
금리	연준은 초단기금리를 관리한다. 우리가 내는 부동산담보대출 이자나 신용카드 연체 이자를 연준이 직접 관리하진 않지만 연준의 행보가 영향을 미친다.	금리 인하는 경제 성장과 인플레이션의 액셀을 밟는 것이고, 금리 인상은 반대로 브레이크를 밟는 것이다.
시장 개입	연준은 미국 국채를 사고팔 수 있고 필요하면 다른 투자 자산도 사고판다.	연준이 장기국채를 매입하면 장기금리가 인하돼서 경제에 힘이 붙는다. 연준이 증권을 매입하면 경제에 돈이 주입되는 효과가 있다. 그래서 흔히 연준이 '돈을 찍어낸다'고 말한다. 2008~2009년 경제위기 때 연준은 경제를 안정시키기 위해 수조 달러 상당의 주택저당증권을 매입했다.
긴급 대응	연준은 경제가 위태로울 때 창의적인 해법을 찾기도 한다.	2008~2009년 경제위기 당시 연준은 은행의 줄도산을 막기 위해 은행 간 인수합병을 지원했다. 즉, 생사의 기로에 선 은행이 도산하지 않고 다른 은행에 매각되게 했다.

알아두면 좋은 것

연준은 집권당이 싫어하는 행동(예: 경기 과열 국면에서 금리 인상)도 불사해야 하기 때문에 정치적으로 독립된 기관이어야 합니다. 하지만 연준 의장은 대통령이 지명하고, 종종 대통령이 연준에 입김을 넣으려고 한다는 말이 돕니다.

재미있는 사실

- 연준이 돈을 찍어낸다는 말은 상징적인 표현일 뿐 실제로 화폐를 발행하는 기관은 재무부입니다.
- 연준이 금리를 인하하겠다고 발표하면(또는 그런 언질을 주면) 주가가 상승하고, 금리를 인상한다고 하면 주가가 하락하는 경향이 있습니다. 과거 일부 트레이더는 어떻게든 연준의 다음 행보를 예측할 단서를 찾기 위해 당시 의장이었던 앨런 그린스펀 Alan Greenspan의 일거수일투족(눈썹의 씰룩임까지!)을 세밀히 관찰하기도 했습니다.

핵심 정리

- 연준의 목표는 미국의 경제와 금융이 원활히 돌아가게 하는 것입니다.
- 연준은 금리를 조절하고 그 밖에도 그때그때 필요한 대응을 함으로써 금융에 영향을 미칩니다.

내가 눈썹을 씰룩이면 어떤 의미로 해석할까? 아, 아무도 관심을 갖지 않으려나.
― 냅킨 파이낸스

5장 퀴즈

01 **GDP의 뜻은?**

    a. 상품수요성장률(Growth of Demand for Products) : 상품과 서비스 수요의 전년 대비 증가율

    b. 국내총생산(Gross Domestic Product) : 일정한 기간에 한 국가에서 생산된 상품과 서비스의 총가치

    c. 일일총이익(Gross Daily Profits) : 한 국가에서 하루 동안 발생한 이익의 총량

    d. 세계일일생산(Global Daily Product) : 전 세계에서 하루 동안 생산된 상품과 서비스의 총량

02 **GDP는 무엇을 가늠하기에 제일 좋은 지표로 꼽히는가?**

    a. 경제 동향

    b. 인플레이션 수준

    c. 대학 졸업장의 투자 수익률

    d. 국방력 순위

03 **다음 중 GDP를 산출할 때 사용하는 항목이 아닌 것은?**

    a. 투자

b. 정부 지출

c. 지하경제

d. 순수출

04 중국은 세계 최대 경제국이다.

a. 그렇다.

b. 아니다.

05 인플레이션이란?

a. 정부가 GDP를 과장하는 것

b. 소개팅 상대가 키를 뻥튀기하는 것

c. 전 세계저 독감 유행

d. 상품과 서비스의 가격이 점점 상승하는 것

06 다음 중 인플레이션에 대한 설명으로 옳은 것은?

a. 물가가 올라서 물건을 사기가 어려워진다는 뜻이므로 무조건 나쁘다.

b. 완만한 수준이라면 괜찮다.

c. 나 빼고 다 부자가 되는 것이니까 나쁘다.

d. 어차피 이번 생은 망했으니 내 알 바 아니다.

07 디플레이션이란?

a. 국가가 부채를 갚지 못하는 것

b. 물가가 전년 대비 10% 이상 상승하는 것

c. 경제 성장률이 마이너스가 되는 것

d. 상품과 서비스의 가격이 점점 하락하는 것

08 경기 침체란?

a. 경제 성장률이 마이너스가 되는 것

b. 실업률이 떨어지는 것

c. 스포츠 경기 관람객이 줄어드는 것

d. 경제활동 인구가 감소하는 것

09 다음 중 경기 침체 때 흔히 일어나는 현상이 아닌 것은?

a. 주가가 하락한다.

b. 노동자가 일자리를 잃는다.

c. 관공서가 문을 닫는다.

d. 은행이 대출을 줄인다.

10 지금까지 미국의 경기 침체에는 반드시 끝이 있었다.

a. 그렇다.

b. 아니다.

11 연준이란?

a. 미국의 중앙은행

b. 미국의 화폐 발행 기관

c. 미국의 선거 관리 기관

d. 미국의 대테러 기관

12 연준의 주목적은?

a. 국가 경제의 핸들을 잡은 사람이 누구인지 알게 한다.

b. 연간 GDP 성장률을 극대화한다.

c. 고용률을 지속 가능한 선에서 극대화하고 인플레이션을 관리한다.

d. 집권당의 지지율을 최대한 끌어올린다.

13 연준이 목적을 달성하기 위해 사용하는 수단은?

a. 경기가 안 좋다고 정리해고를 단행하는 기업을 처벌한다.

b. 단기금리를 조절하고 증권을 매매한다.

c. 경제위기 때 헬리콥터에서 현금 다발을 뿌린다.

d. 의장이 전 재산을 사회에 환원한다.

14 연준은 때때로 경제 성장을 늦추는 대응을 해야 할 때도 있으므로 정치적으로 독립된 기구여야 한다.

a. 그렇다.

b. 아니다.

정답

1. b	2. a	3. c	4. b
5. d	6. b	7. d	8. a
9. c	10. a	11. a	12. c
13. b	14. a		

6장
순이익 또는 순손실

비전공자도 단번에 배우는 경영 용어 몇 가지

재무제표

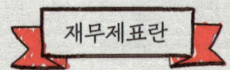
재무제표란

회사의 재무 건전성 및 실적에 대한 보고서

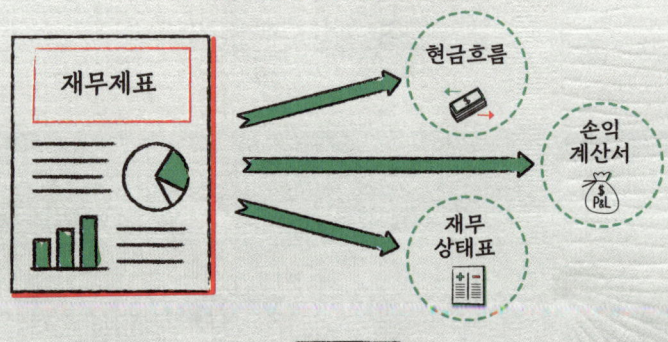

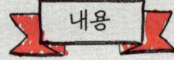
내용

➡ 대내적	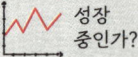 성장 중인가?	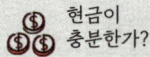 현금이 충분한가?	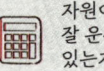 자원이 잘 운용되고 있는가?
⬅ 대외적	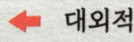 좋은 투자처인가?	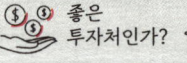 경영진이 잘하고 있는가?	 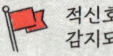 적신호가 감지되는가?

01 재무제표

Financial Statements

재무제표는 기업이 현재의 재무상태를 보여주기 위해 작성하는 보고서입니다.

재무제표가 중요한 이유

기업 입장에서는 재무제표로 다음과 같은 사항을 알 수 있습니다.

- 현재 실적이 좋은 부문과 나쁜 부문은 어디인가?
- 총이익이 어느 정도 폭으로 증가하거나 감소하고 있는가?
- 원활한 경영을 위한 현금이 충분히 확보되어 있는가?
- 회사의 부채가 적정 수준인가?

외부에서 투자자와 감독기관 등은 재무제표를 다음과 같은 곳에 사용합니다.

- 회사의 주식을 매수할 것인지 결정하고 미래 수익을 예측한다.
- 회사가 채무를 상환할 능력이 되는지 확인한다.
- 회사가 회계 장부를 조작하는 등 불법을 저지르고 있진 않은지 감시한다.
- 경영진이 투자가 필요한 사업부문을 현명하게 판단하고 있는지 평가한다.

재무제표의 구성

재무제표는 보통 3개의 문건으로 구성됩니다.

명칭	내용	중요한 이유
재무상태표	특정 시점에서 회사가 소유한 것과 빚진 것	회사가 책임을 이행하는 데 필요한 자원을 갖췄는지 알 수 있다.
손익계산서	일정한 기간(예: 1년)의 매출, 지출, 이익	이익의 증감은 회사만이 아니라 외부 투자자에게도 매우 중요하다.
현금흐름표	일정한 기간에 들어오고 나간 현금	현금도 이익만큼 중요하다. 현금흐름표는 예를 들면 고객이 요금을 제때 납부하고 있는지를 보여준다.

재미있는 사실

- 전형적인 회계 조작 수법은 일반적인 사업 경비를 '투자'로 포장하는 것입니다. 그러면 손익계산서에서 그 경비를 누락시킴으로써 이익을 부풀릴 수 있습니다. 대표적인 사례가 미국의 통신 기업이었던 월드컴WorldCom입니다.
- 아카데미 수상작은 투표로 결정되는데 이때 투표 결과를 회계사들이 집계합니다(2017년 시상식에서 〈라라랜드〉가 작품상으로 호명된 후 번복되는 촌극이 일어난 이유도 회계사의 실수 때문이었습니다).

핵심 정리

- 재무제표는 기업의 현재 재무상태를 보여줍니다.
- 재무제표는 재무상태표, 손익계산서, 현금흐름표로 구성됩니다.

> 재무제표는 "요즘 어떻게 지내?"에 대한 기업의 대답이라고 볼 수 있다.
> – 냅킨 파이낸스

손익계산서

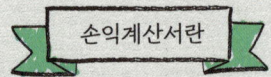 손익계산서란

일정한 기간의 수입과 지출을
일목요연하게 정리한 것

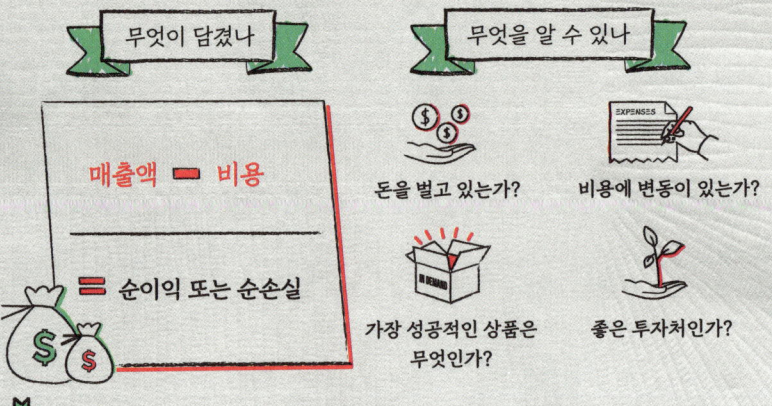

영어에서 핵심이나 요점을 '보텀라인 bottom line'이라고 하는데,
이 말은 순이익이나 순손실이 손익계산서 맨 아랫줄에 기재되는 데서 유래했다.

02
손익계산서

Profit & Loss

손익계산서는 일정한 기간에 회사가 번 돈과 쓴 돈을 보여줍니다. 손익계산서의 기본 공식은 이렇습니다.

매출액 - 비용 = 순이익 또는 순손실

손익계산서 항목들

매출액은 단순합니다. 회사가 주요 사업활동을 통해 상품이나 서비스를 판매하고 번 돈입니다. 옷가게라면 일정한 기간에 옷을 팔아서 번 돈이 매출액이 되겠죠(물론 반품과 할인도 반영해서요).

   비용에는 다양한 항목이 포함됩니다.

- 판매를 위해 쓴 돈(예: 옷가게에서 판매한 옷을 구입하는 데 들어간 돈)
- 인건비
- 임대료, 전기료, 마케팅 비용 등 사업을 운영하기 위해 기본적으로 들어가는 비용
- 감가상각(예: 옷가게에 트럭이 있다고 할 때, 트럭은 해가 갈수록 낡아서 가치가 감소하므로 이 감소분을 회계에 반영해야 한다. 이를 감가상각이라고 한다.)
- 부채에 대한 이자
- 세금

손익계산서가 중요한 이유

손익계산서가 중요한 이유는 다음과 같습니다.

- 손익계산서의 주 용도는 일정한 기간에 회사가 돈을 얼마나 벌거나 잃었는지 확인하는 것이다.
- 각 부문에서 얼마나 수익이 나는지 알면 회사 전체의 실적을 개선하는 데 도움이 된다. 예를 들어 옷가게에서 액세서리 마진율은 25%, 청바지 마진율은 10%인데 액세서리가 더 잘 팔린다면 액세서리 재고를 늘리고 청바지 재고를 줄이는 등의 결정을 내릴 수 있다.
- 투자자가 투자를 결정하기 전에 최근 몇 년간의 손익계산서를 요청

할 수 있다.

재미있는 사실

- 테슬라는 연간 실적이 흑자를 기록한 적이 없는데도 기업 가치가 수천억 달러나 됩니다. 언젠가는 어마어마한 수익을 올릴 기업이라고 투자자들이 믿기 때문이죠.
- 미국의 보안회사 타이코Tyco의 CEO였던 데니스 코즐로브스키Dennis Kozlowski는 6,000달러짜리 샤워 커튼을 사업 경비로 넣는 등의 회계 부정을 저지르다가 결국 옥살이를 했습니다.

핵심 정리

- 손익계산서는 일정한 기간의 매출액, 비용, 이익을 보여줍니다.
- 손익계산서는 경영진이 사업에 대한 결정을 내릴 때 유용한 정보를 제공하고 외부 투자자에게도 유용합니다.

> 그래도 돈을 벌었다가 잃는 게 아예 못 버는 것보단 낫지.
>
> – 냅킨 파이낸스

재무상태표

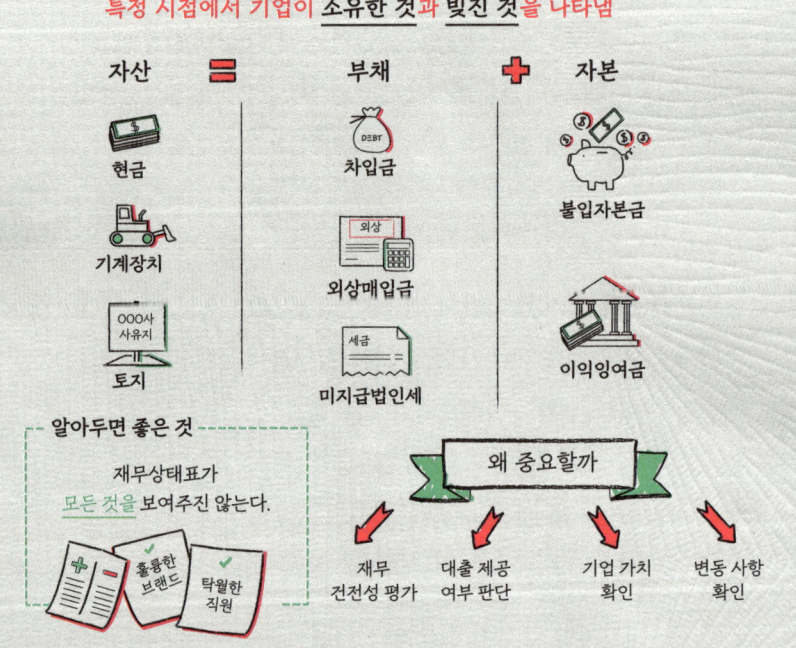

03
재무상태표

Balance Sheet

재무상태표는 특정한 시점에 회사가 무엇을 소유하고 무엇을 빚졌는지 보여줍니다. 이를 통해 회사의 재무 건전성을 평가할 수 있습니다.

재무상태표의 내용
재무상태표는 다음의 공식을 따릅니다.

$$자산 = 부채 + 자본$$

각 항목의 뜻은 이렇습니다. 자산은 현재나 미래에 이익을 가져다주는 것을 말합니다. 부채는 회사가 미래에 자원을 쓰게 하는 약속입니다. 자본은 자산에서 부채를 빼고 남은 것, 즉 회사가 주인으로서 소유하고 있는 것을 말합니다.

재무상태표에는 다음과 같은 항목이 들어갑니다.

자산	부채	자본
현금과 투자금 외상매출금 재고 기계장치 토지	차입금 외상매입금 퇴직급여충당금 미지급법인세 선수금	불입자본금(소유자들이 회사에 낸 돈) 이익잉여금(누적된 이익)

재무상태표의 용도

투자자는 재무상태표를 이렇게 이용합니다.

- 회사의 주식이 가치가 있는지 평가한다.
- 회사가 재무적으로 건전한지 판단한다.

대출기관은 이런 목적으로 이용합니다.

- 회사에 신규로 대출을 내줘도 될지 결정한다.

- 회사가 이미 대출한 돈을 상환할 능력이 되는지 확인한다.

회사 안에서는 이렇게 쓰입니다.

- 앞으로 발생할 비용을 감당할 만한 현금이 확보되어 있는지 점검한다.
- 작년과 비교해 자산과 부채가 어떻게 변했는지 확인한다.

재미있는 사실
- 재무상태표가 회사를 속속들이 보여주진 못합니다. 예를 들어 훌륭한 브랜드나 탁월한 직원이 어마어마한 이익을 가져다준다고 해도 자산으로 기재되진 않습니다.
- 기업의 회계 부정을 '회계에 분칠을 한다'라는 뜻으로 '분식회계'라고 합니다.

핵심 정리
- 재무상태표는 특정 시점에서 회사의 자산과 부채를 보여줍니다.
- 재무상태표는 투자자, 대출기관, 내부자가 여러 용도로 사용합니다.

"누군가의 부채는 다른 누군가의 자산이다."

— 폴 크루그먼 Paul Krugman, 경제학자

부채

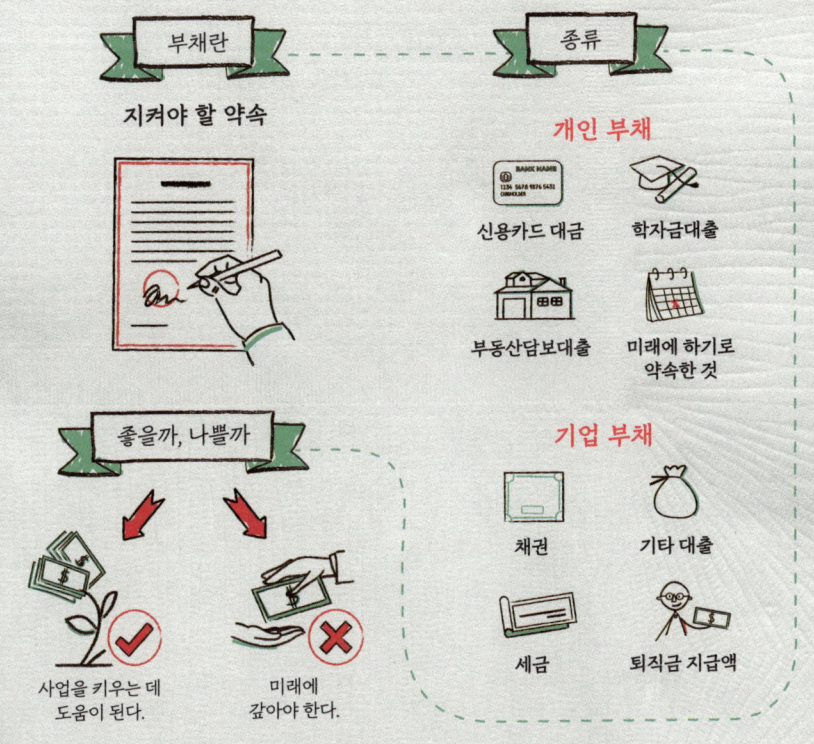

6장 순이익 또는 순손실

04 부채

Liability

부채는 미래에 돈이나 자원을 쓰게 하는 것을 뜻합니다. 예를 들어 학자금대출은 미래에 갚아야 하므로 부채입니다.

부채의 종류

부채에는 여러 종류가 있습니다.

기업	개인
채권 공급자에게 지급해야 할 돈 직원에게 지급해야 할 돈 세금 퇴직자에게 지급해야 할 돈	신용카드 대금 학자금대출 부동산담보대출 미납 사용료 미래에 하기로 약속한 것

부채는 좋을까, 나쁠까

부채라고 하면 빚이니까 나쁘다고 생각하기 쉽지만, 부채가 도움이 될 수도 있습니다. 예를 들어 학자금대출을 받아서라도 대학을 나오면 높은 소득을 올릴 가능성이 커집니다.

기업이 부채를 이용해 사업을 키우면 결과적으로 재무상태가 더 튼튼해질 수 있습니다. 그리고 만일 부채의 성격이 이익에 대해 내야 할 세금이라거나 사업이 번창해서 직원들에게 지급해야 할 돈이라면 그게 꼭 나쁘다고 볼 수는 없겠죠. 부채는 미래에 유출될 돈을 예측하는 수단이지만 그 자체로 좋거나 나쁘다고 단언할 순 없습니다.

재미있는 사실

- 돈을 받는 것도 부채가 될 수 있습니다. 대금을 미리 받으면 선수금이라는 부채가 됩니다(향후 고객에게 뭔가를 제공해야 할 의무가 생기므로).
- 전형적인 회계 부정 수법이 또 하나 있습니다. 별도의 법인을 세워서 회사의 악성 자산을 매입시키거나 대신 대출을 받게 하는 것입니다. 새로운 법인은 법적으로 구별된 회사이기 때문에 모회사의 재무제표에 그에 대한 정보를 상세히 기재하지 않아도 됩니다. 이쪽으로는 에너지 회사 엔론Enron이 선수였죠.

핵심 정리

- 부채는 미래에 돈이나 자원을 쓰게 하는 것을 말합니다.
- 대부분의 대출은 부채에 속하고 미래에 서비스를 제공하겠다는 약속도 부채가 될 수 있습니다.
- 부채가 빚이긴 하지만, 부채가 많다고 해서 무조건 나쁘다고 볼 수는 없습니다.

잠깐, 축의금으로 받은 돈도 부채로 치나?

– 냅킨 파이낸스

6장 퀴즈

01 다음 중 기업 내부에서 재무제표를 사용하는 목적에 해당하는 것은?

a. 복사용지를 빼돌리는 사람을 적발하기 위해

b. 매달 휴지가 얼마나 소모되는지 확인하기 위해

c. 법망을 피할 수 있는 회계 조작 수법을 모색하기 위해

d. 어떤 상품과 서비스가 제일 잘 팔리는지 알기 위해

02 다음 중 기업 외부에서 재무제표를 사용하는 목적에 해당하는 것은?

a. 명의 도용으로 세금 환급금을 가로채기 위해

b. 임원을 인기순으로 줄 세우기 위해

c. 약점을 파악해서 박살 내기 위해

d. 투자 여부를 결정하기 위해

03 다음 중 재무제표에 속하지 않는 것은?

a. 재무상태표

b. 부채내역서

c. 현금흐름표

d. 손익계산서

04 손익계산서는 일정한 기간에 회사가 쓴 돈과 번 돈을 보여준다.

a. 그렇다.

b. 아니다.

05 손익계산서의 기본 공식은?

a. 이익 = 매출액 – 비용

b. 자산 = 부채 + 자본

c. 돈 = 행복

d. 호화 요트 = 과거의 비트코인 매수 + 기업공개 당시 구글 주식 매수

06 다음 중 비용에 포함되는 것은?

a. 업무 시간의 쓸데없는 잡담

b. 단합대회 때 포커에서 잃은 돈

c. 직원에게 지급하는 급여와 판매하는 상품을 조달하기 위한 비용

d. 주주에게 지급하는 배당금

07 흑자를 내지 못하는 기업의 주식은 무가치하다.

a. 그렇다.

b. 아니다.

08 재무상태표가 보여주는 것은?

a. 일정한 기간에 발생한 돈의 입출입

b. 특정한 시점에 회사가 소유한 것과 빚진 것

c. 전년도에 발생한 총지출

d. 회사의 심리적 건전성

09 다음 중 자산에 속하지 않는 것은?

a. 현금

b. 기계장치

c. 직원의 평균 학력

d. 토지

10 자본은 회사의 자산에서 부채를 빼고 남은 것이다.

a. 그렇다.

b. 아니다.

11 다음 중 기업의 부채에 속하는 것은?

a. 판매하는 상품을 조달하기 위한 비용

b. 파티에서 동료 직원의 배우자들과 의무적으로 나눠야 하는 대화

c. 밀레니얼 세대 직원들을 위해 구비해야 하는 고급 초콜릿

d. 공급자, 직원 등에게 지급해야 하는 돈

12 다음 중 개인의 부채에 속하는 것은?

a. 신용카드 대금과 학자금대출

b. 퇴직연금 납입금과 적금 통장 자동이체 금액

c. 헤어진 연인에게 취중에 보내는 메시지

d. 깜빡하고 지우지 않은 인터넷 검색 기록

13 회사가 완수하지 못한 일에 대한 대가로 받은 돈은 부채가 된다.

a. 그렇다.

b. 아니다.

정답

1. d	2. d	3. b	4. a
5. a	6. c	7. b	8. b
9. c	10. a	11. d	12. a
13. a			

7장
디지털 화폐

코린이라면 반드시 알아야 할 몇 가지 용어

암호화폐

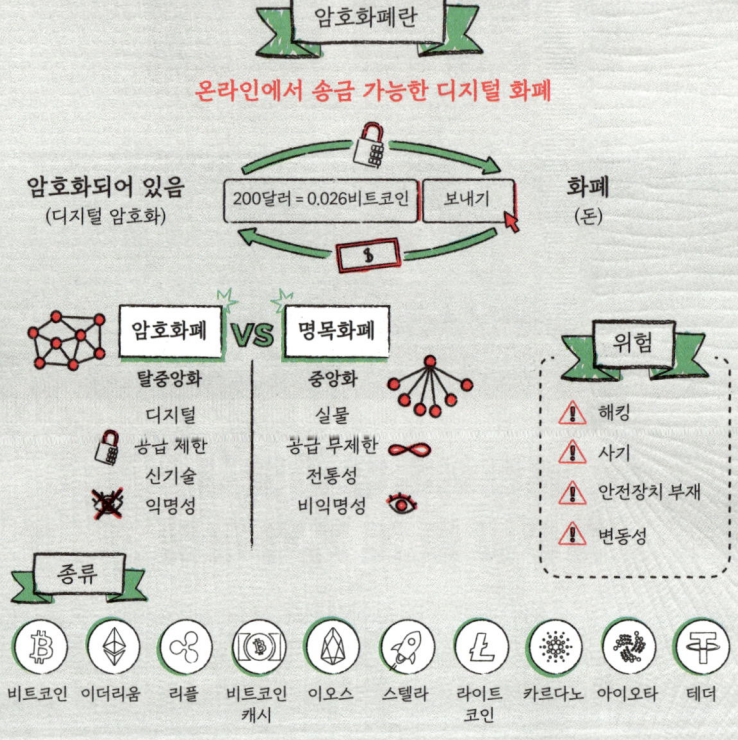

01 암호화폐

Cryptocurrency

암호화폐는 온라인에서 세계 어디로든 송금 가능한 디지털 화폐입니다.

암호화폐 vs. 전통 화폐

암호화폐는 이름에서 짐작할 수 있다시피 복잡한 암호화 과정을 거쳐 온라인에서 이용자들 간의 거래로 유통됩니다. 암호화폐가 정부에서 발행하고 보증하는 전통 화폐와 다른 점은 다음과 같습니다.

암호화폐	명목화폐(전통 화폐)
탈중앙화: 단일한 관리 주체가 존재하지 않는다.	**중앙화**: 정부에서 발행하고 관리한다.
디지털: 온라인에만 존재하고 거래도 온라인에서만 가능하다(실물 비트코인이라면서 기념품을 파는 기업도 있기는 함).	**실물**: 은행 예금처럼 디지털로 존재하기도 하지만 실물 동전과 지폐로도 존재한다.

공급 제한: 보통 만들어질 때부터 공급량이 제한된다. 그래야 시간이 지나도 가치를 유지할 수 있기 때문이다.	**공급 무제한**: 정부가 언제든 더 발행할 수 있다. 그래서 명목화폐는 인플레이션으로 인해 가치가 하락한다.
익명성: 거래 기록을 추적해도 거래 당사자를 특정할 수 없다.	**비익명성**: 보통은 누가 거래했는지 추적할 수 있다.
신기술: 최초의 암호화폐인 비트코인은 2009년에 발행됐다.	**전통성**: 먼 옛날부터 존재했다.

위험천만한 일확천금의 꿈

암호화폐는 짜릿한 매력이 있는 한편으로, 금융계에서 큰 논란이 되고 있습니다.

암호화폐의 가치가 폭등하면서 그야말로 하룻밤 사이에 돈방석에 앉은 투자자들도 있습니다. 하지만 잠재적 이익이 크면 잠재적 손실도 크기 마련입니다. 암호화폐에 투자할 때는 다음과 같은 위험이 따릅니다.

- 해킹: 암호화폐가 저장되는 전자지갑은 해킹에 취약할 수 있다.
- 사기: 사기꾼이 신종 암호화폐라고 홍보한 후 돈만 챙기고 잠적할 수 있다.
- 안전장치 부재: 내일 암호화폐가 사라지거나 0달러로 폭락해도 손쓸 방법이 없다.

- 변동성: 암호화폐의 가치는 순식간에 0달러에서 수천 달러가 됐다가 다시 추락할 수 있다(주식시장이 차라리 안정적으로 보일 정도).

> "암호화폐가 … 장기적으로 유망한 자산이 되려면 그 혁신으로 인해 더 빠르고, 더 안전하고, 더 효율적인 결제 시스템이 확립돼야 한다."
>
> – 벤 버냉키 Ben Bernanke, 전 연준 의장

재미있는 사실

- 2019년 기준 암호화폐의 종류는 2,000종 이상이고, 총가치는 1,000억 달러를 넘었습니다.
- 암호화폐 부자들에게는 한 가지 공통점이 있습니다. '매직: 더 개더링 Magic: The Gathering'이라는 트레이딩 카드를 좋아한다는 것입니다. 암호화폐 투자자들의 관심 덕분에 최근에 최고가 카드들의 시세가 10배나 올랐다고 합니다.
- 암호화폐로 번 돈을 탕진하고 싶다고요? 크립토키티스 CryptoKitties를 해보세요. 디지털 고양이를 수집하고 거래하는 블록체인 기반 게임입니다. 크립토키티 한 마리의 가격이 최대 17만 달러나 한다는군요.

핵심 정리

- 암호화폐는 온라인에서 이용자들 간의 거래로 유통되는 디지털 화폐입니다.
- 암호화폐는 전통 화폐와 달리 중앙에서 관리하는 주체가 존재하지 않습니다.
- 암호화폐로 일확천금을 번 투자자도 있지만 그만큼 위험도 큽니다.

> 암호화폐는 좌판에서 파는 루이비통 가방과 달리 위조가 불가능하다.
> – 냅킨 파이낸스

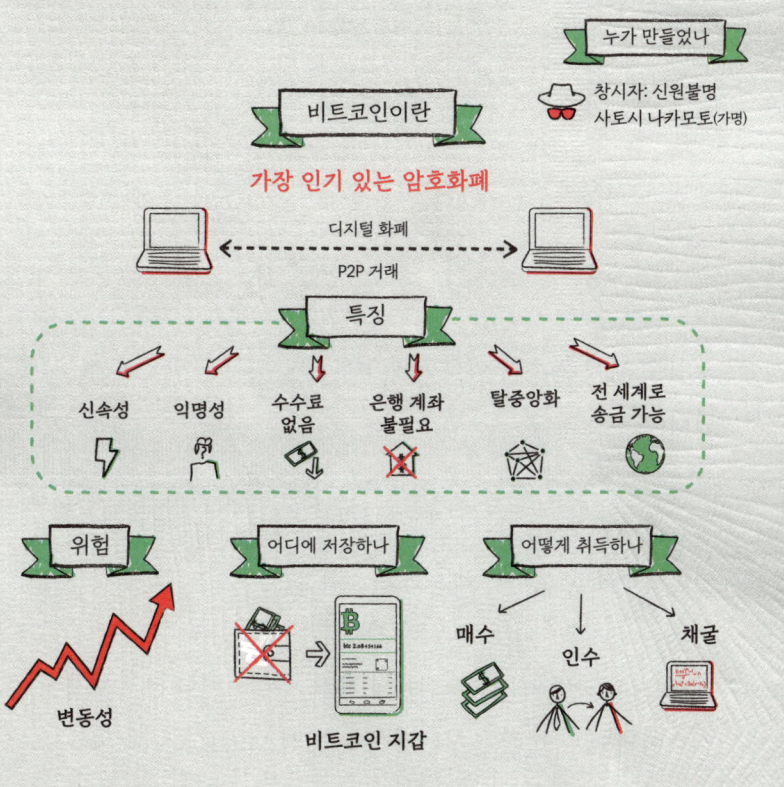

02 비트코인
Bitcoin

비트코인은 세계 최초의 암호화폐이며 가장 성공한 암호화폐라고 봐도 무방합니다.

비트코인의 성공 과정
비트코인의 간략한 역사는 다음과 같습니다.

- 2008년: 미국발 세계금융위기로 세계 경제가 파탄 나고 전통적 금융 시스템에 대한 신뢰가 무너졌다. 사토시 나카모토 Satoshi Nakamoto라는 가명을 쓰는 인물이 디지털 P2P 화폐의 원리를 설명하는 문서를 발행했다.

- 2009년: 사토시가 최초의 비트코인 블록을 채굴했는데, 이는 새로운 화폐를 최초로 발행한 것과 같다. 최초의 비트코인-달러 환율이 정해지면서 비트코인 매수가 가능해졌다.
- 2010년: 플로리다주의 남성이 1만 비트코인으로 피자 2판을 결제했다. 비트코인으로 실물을 구입한 최초의 사례다.
- 2012~2013년: 1비트코인의 가격이 100달러를 돌파하고, 이어서 1,000달러를 돌파했다.
- 2014~2018년: 비트코인이 주류 경제로 들어왔다. 페이팔PayPal 등 대규모 사업체에서 비트코인을 결제 수단으로 허용했다. 2018년 기준으로 미국인 20명 중 1명이 비트코인을 보유했다.

> "비트코인은 이메일이 우편업에 미친 것과 같은 영향을 은행업에 미칠 것이다."
> — 릭 팔크빙어Rick Falkvinge, 신기술 전도사

비트코인 취득 방법

비트코인을 취득하는 방법은 세 가지로 나뉩니다.

- 매수: 달러로 유로를 사는 것처럼 비트코인도 다른 화폐로 구입할 수 있다.

- 인수: 상품이나 서비스의 대가로 비트코인을 받을 수 있다.
- 채굴: 엄청난 컴퓨터 자원을 이용해 복잡한 수학 문제를 풀면 그 보상으로 비트코인이 지급된다.

"비트코인은 '컴덕후'들을 위한 금이다."

– 스티븐 콜베어 Stephen Colbert, 방송인

극심한 등락폭

비트코인이 다른 코인들에 비해 가장 건실한 암호화폐이긴 해도 안정성과는 거리가 멉니다. 코인당 0.01달러도 안 하던 가격이 단 몇 년 사이에 약 2만 달러로 치솟았다가, 다시 80% 이상 하락했습니다.

재미있는 사실

- 플로리다주에서 비트코인으로 피자를 구입한 사람이 비트코인을 그대로 갖고 있었다면 지금쯤 그 가치가 2,000만 달러 이상이 되어 있었을 겁니다.
- 영국 웨일스 지방의 한 남자는 하드드라이브를 버리면서 1억 달러 상당의 비트코인을 분실했습니다. 그 하드드라이브는 인근의 쓰레기 매립장에 묻혀 있다는군요.

- 영화 〈소셜 네트워크〉를 통해 유명해진 윙클보스Winklevoss 형제(하버드 출신의 쌍둥이 형제. 현재 암호화폐 관련 사업을 하고 있다 - 옮긴이)는 한때 비트코인 보유액이 억만장자라고 해도 무방할 수준이었다고 합니다 (비트코인 가격이 폭락하기 전의 이야기입니다).

핵심 정리
- 비트코인은 최초의 암호화폐이자 가장 잘 정착된 암호화폐입니다.
- 비트코인은 일부 대형 사업체에서 이용할 수 있긴 하지만, 여전히 이용할 수 없는 곳이 대부분이고 가격 변동이 심합니다.
- 비트코인은 매수, 인수, 채굴을 통해 취득할 수 있습니다.

> 비트코인 초짜가 비트코인 문외한에게 비트코인을 설명하는 말만큼 웃기는 것도 없다.
> — 냅킨 파이낸스

암호화폐공개

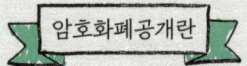
암호화폐공개란

ICO INITIAL COIN OFFERING

기업이 자금을 조달하는 수단

어떻게

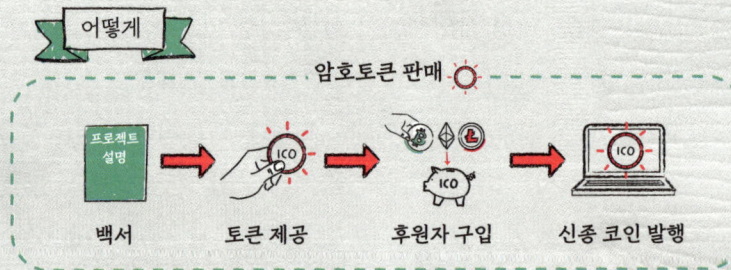

스타트업이 ICO를
열렬히 사랑하는 이유

저렴한 자금
조달 수단   경영권
유지   소유권
희석 없음

뜻밖의 사실

메이웨더가 홍보한 ICO로
3,000만 달러의 자금이
조달됐다.

03 암호화폐공개
ICO

암호화폐공개ICO, Initial Coin Offering는 기업이 새로운 디지털 화폐를 발행해서 자금을 조달하는 수단입니다. IPO(기업공개)의 경우 투자자가 기업의 소유자가 된다면, ICO는 투자자에게 신종 화폐가 지급되는 형식입니다. 이 화폐는 나중에 큰돈이 될 수도 있고 푼돈이 될 수도 있습니다.

ICO의 절차

ICO는 이렇게 진행됩니다.

- 기업에서 '토큰'을 판매한다.
- 후원자가 토큰을 구입한다. 그 대가는 보통 비트코인이나 이더리움

- 처럼 잘 정착된 암호화폐로 치른다.
- 기한 내에 암호화폐 발행을 위한 최소한의 금액이 확보되면 토큰이 신종 암호화폐로 전환된다.
- 최소한의 금액이 확보되지 않으면 보통은 투자자에게 돈을 돌려준다.

스타트업이 ICO를 좋아하는 이유

기업 입장에서 ICO에는 몇 가지 장점이 있습니다.

- 자금을 저렴하게 조달할 수 있다: ICO가 IPO보다 비용이 덜 들고 진행도 더 수월하다.
- 소유권이 희석되지 않는다: 기업이 IPO를 통해 주식을 팔면 기존 소유자들은 지분이 줄어들지만, ICO를 통해서는 기존 소유자의 지분이 변동되지 않는다.
- 경영권이 유지된다: 벤처캐피털의 투자를 받으면 벤처캐피털이 경영에 개입하지만, ICO는 설립자들이 경영권을 유지할 수 있다.

투자자 입장에서 장단점

투자자 입장에서 ICO의 장점과 단점은 다음과 같습니다.

장점	단점
- 스타트업의 성공에 일찍부터 동참할 수 있다. - 스타트업이 일으키는 혁신의 동반자가 된다. - 큰돈을 벌 기회다.	- 정보가 투명하게 공개되지 않는다. - 규제가 약하다. - 투자금을 회수하고 빠지기가 어려울 수 있다. - 해킹을 당할 위험이 있다. - 토큰의 가치가 심하게 출렁일 수 있다. - 처음부터 사기일 수 있다.

재미있는 사실

- 운동선수와 유명 인사들이 ICO에 뛰어들고 있습니다. 권투 선수 플로이드 메이웨더 주니어Floyd Mayweather Jr.가 홍보한 블록체인 기반 예측 시장이 대표적입니다. 블록체인 기업 스톡스Stox는 그 덕에 목표액 3,000만 달러를 하루 만에 조달했다고 하죠.
- 대마초코인, 고양이코인, 섹스코인, 와퍼코인이라는 암호화폐도 있습니다. 와퍼코인을 모으면 러시아 버거킹 매장에서 무료 와퍼를 먹을 수 있습니다.

핵심 정리

- IPO의 변형인 ICO는 신종 암호화폐를 만들어 자금을 조달하는 수단입니다.

- ICO가 기업의 입장에서는 저렴하게 자금을 조달할 수 있고 경영권이 유지되는 등 장점이 많지만, 투자자 입장에서는 큰 위험이 따릅니다.

> ICO와 부루마불 화폐의 차이점은 부루마불 화폐는 휴지로라도 쓸 수 있다는 것이다.   - 냅킨 파이낸스

블록체인

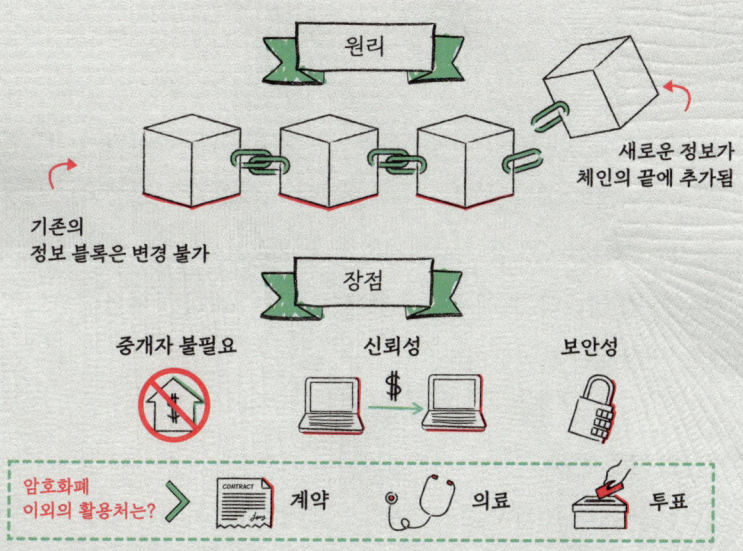

04
블록체인
Blockchain

블록체인은 비트코인 등 일부 암호화폐의 근간이 되는 혁신적인 기술입니다. 블록체인의 구체적인 원리는 복잡해서 이해하기 어려울지도 모릅니다. 하지만 그 핵심은 '절대로 변경하거나 파괴할 수 없는 영구적인 기록을 만드는 것'입니다. 그래서 암호화폐만이 아니라 다른 영역에서도 유용하게 쓰일 잠재력이 있습니다.

블록체인의 작동 원리
블록체인은 거대한 공개 스프레드시트와 같습니다. 하지만 엑셀에서 만든 스프레드시트와 달리, 일단 한번 입력된 항목은 변경이 불가능합니다. 스프레드시트가 암호화되고 이용자들의 방대한 네트워크에 분산되어 저장되기 때문입니다.

새로운 항목은 '블록'의 형태로 체인의 끝에 추가되고, 각 블록은 일련번호를 통해 직전 블록과 연결됩니다. 그 결과로 변경 불가능한 정보의 역사가 만들어지죠.

> "블록체인은 복잡한 수학을 이용한 기록 저장법이다."
>
> – 에드워드 스노든 Edward Snowden, 전 CIA 직원

블록체인의 장점

블록체인은 이런 점이 좋습니다.

- 신뢰성: 기록이 수정되지 않으니까 믿을 수 있다(만약 은행에서 계좌 잔고의 끝자리 0이 실수로 사라진다면 큰일 나지 않겠는가).
- 중개자 불필요: 블록체인은 방대한 네트워크에 분산되어 저장되기 때문에 중앙에서 정보(또는 돈)의 흐름을 관리하는 사람이나 조직이 존재하지 않는다.
- 보안성: 정보가 암호화되고 탈중앙화되어 있어서 개인이나 조직이 해킹하는 게 불가능하다.

암호화폐 이외의 활용처

블록체인은 암호화폐 외에도 다양한 산업을 뒤흔들 만한 잠재력이 있습니다.

- 계약: 부동산을 매매할 때든 사업상 계약을 맺을 때든 블록체인 기술을 이용하면 합의한 내용이 공개적으로 검증 가능해질 뿐만 아니라 안전하게 보관된다.
- 의료: 의료기관에서 블록체인 기술을 활용하면 민감한 정보를 효율적이고 안전하게 공유할 수 있다.
- 투표: 블록체인은 익명을 보장하면서 안전하고 검증 가능한 방식으로 표를 집계하는 수단이 될 수 있다.

재미있는 사실

- 블록체인을 기반으로 하는 비트코인은 채굴하는 데 엄청난 전력이 소모됩니다. 159개국의 전력 사용량을 합친 것보다 많은 수준입니다.
- 영국 가수 이모젠 힙Imogen Heap은 음악가들이 저작물에 대한 정당한 대가를 받을 수 있도록 블록체인을 이용한 '공정 거래' 시스템을 구축하고 있습니다.

핵심 정리
- 블록체인은 비트코인 등 일부 암호화폐의 근간이 되는 기술입니다.
- 블록체인이 혁신적인 이유는 변경 불가능한 기록 저장 시스템을 만들었기 때문입니다.
- 블록체인이 주로 암호화폐에 사용되긴 하지만 그 밖에도 투표, 계약, 음악 산업 등의 분야에서 사용될 만한 잠재력이 있습니다.

> 블록체인이 비트코인의 동력이 되는 혁신 기술이라면 아이폰은 미루기의 동력이 되는 혁신 기술이다.   – 냅킨 파이낸스

7장 퀴즈

01 암호화폐란?

a. 법망을 피할 목적으로 만들어진 화폐

b. 디지털 부루마불 화폐

c. 암호화되는 디지털 화폐

d. 암호를 아는 사람끼리만 쓸 수 있는 화폐

02 다음 중 암호화폐와 전통 화폐의 차이점이 아닌 것은?

a. 전통 화폐는 인플레이션의 영향을 받지 않지만 암호화폐는 영향을 받는다.

b. 전통 화폐는 정부에서 보증하지만 암호화폐는 아니다.

c. 암호화폐는 건물 옥상에서 뿌릴 수 없다.

d. 암호화폐에는 위인의 얼굴이 안 들어간다.

03 암호화폐에 투자할 때 따르는 위험은?

a. 파티에서 인기가 너무 많아진다.

b. 로봇의 반란이 일어날 수 있다.

c. 정부에 암호화폐를 몰수당할 수 있다.

d. 가격이 심하게 출렁인다.

04 세상에는 2,000종 이상의 암호화폐가 존재한다.

a. 그렇다.

b. 아니다.

05 새 비트코인을 만드는 과정을 부르는 명칭은?

a. 채굴

b. 채석

c. 코인 주조

d. 비트 주세요!

06 비트코인은 가격이 매우 안정적이어서 가장 잘 정착된 암호화폐로 평가된다.

a. 그렇다.

b. 아니다.

07 비트코인은 디지털 화폐이기 때문에 일반 사업체에서 상품이나 서비스를 구매할 때 이용할 수 없다.

a. 그렇다.

b. 아니다.

08 암호화폐공개(ICO)란?

a. 수중의 현금을 100% 쏟아부어도 좋을 만큼 확실한 투자 수단

b. 기업이 자금을 조달하는 방법 중 하나

c. 홈쇼핑에서 암호화폐를 판매하는 것

d. 절대 관심 가져서는 안 될 사기극

09 기업 입장에서 ICO의 장점은?

a. 최소한의 자금 확보가 보장된다.

b. 정부의 강력한 규제를 받는다.

c. 소유권이나 경영권을 양보하지 않아도 된다.

d. 무료 뷔페가 제공된다.

10 투자자가 ICO에 투자할 때 반드시 고려해야 할 것은?

a. 향후 투자 수익을 주식에 투자할지, 다시 ICO에 투자할지

b. 투자 수익으로 테슬라 모델S를 살지, 모델X를 살지

c. 여러 ICO에 분산 투자할지, 한 ICO에 집중 투자할지

d. 떼돈을 벌 가능성과 투자금을 다 날릴 가능성

11 블록체인이란?

a. 비트코인의 근간이 되는 혁신적인 기록 저장 기술

b. 비트코인 채굴에 사용되는 컴퓨터 네트워크

c. 블록버스터 24시간 연속 방영 채널

d. 실리콘밸리가 독립국 선언을 하기 위해 건설 중인 최첨단 방벽

12 블록체인이 일으킨 혁신의 핵심은?

a. 정부를 농락할 수 있는 인공지능 로봇을 만든 것

b. 고도의 보안성을 자랑하는 정보 저장 기술을 만든 것

c. 투자를 잘못하면 순식간에 빈털터리가 될 수 있다는 사실을 알게 한 것

d. 컴퓨터 덕후들에게 초호화 사무실을 얻을 기회를 제공한 것

13 블록체인은 암호화폐 이외의 영역에서도 사용될 만한 잠재력이 있다.

a. 그렇다.

b. 아니다.

14 블록체인은 친환경적인 기술이다.

a. 그렇다.

b. 아니다.

정답

1. c	2. a	3. d	4. a
5. a	6. b	7. b	8. b
9. c	10. d	11. a	12. b
13. a	14. b		

8장
재테크 유식자 되기

돈 관련 대화에서 말하면 있어 보이는 것들

72의 법칙

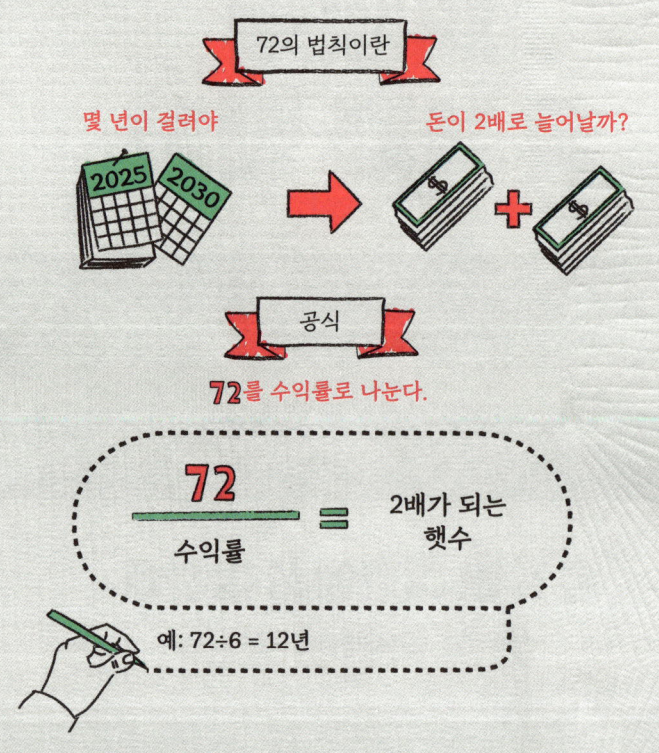

01
72의 법칙

Rule of 72

72의 법칙은 이율이나 수익률이 일정할 때 원금이 2배로 늘어나는 시간을 간단히 계산하는 법칙입니다.

계산 방법은?

72를 연이율 또는 연 수익률로 나누면 됩니다. 예를 들어 매년 7%의 수익이 났다고 했을 때 원금이 2배로 늘어나는 시간은 이렇습니다.

$$72 \div 7 = 10.3년$$

  매년 수익률이 2%라면?

72 ÷ 2 = 36년 (안 돼!!)

한계

72의 법칙으로 돈의 증식 속도를 쉽게 계산할 수 있지만, 정확한 계산이라고 할 수는 없습니다. 정확히 얼마가 걸릴지 알려면 좀더 복잡한 계산이 필요합니다(다행히 인터넷에 좋은 계산기들이 있습니다). 그리고 현실에서는 수익률이 매년 그대로 유지되지 않습니다.

꿀팁

큰 수로 나눌수록 결과가 작아진다는 것은 초등학생도 아는 이치입니다. 다시 말해 돈이 2배로 늘어나는 기간을 단축하려면 수익률을 높여야 합니다. 그 방법은 이렇습니다.

- 장기간 쓰지 않을 돈을 주식에 투자하자. 역사적으로 주식은 연평균 10% 수익률을 기록했으니 평균적으로 7년마다 원금이 2배가 된다.
- 이자를 안 주는 통장은 만들지 말자. 금리가 0%인 통장에는 꼭 필요한 경우가 아니라면 단 한 푼도 저축하지 말자. 비상금도 기왕이면 금리가 높은 통장에 넣어두자.
- 돈이 불어나게 그대로 놔두자. 72의 법칙은 복리를 전제로 한다. 매

년 불어난 만큼을 인출해서 써버리면 절대로 2배가 될 수 없다.

재미있는 사실

- 흔히 알베르트 아인슈타인Albert Einstein이 72의 법칙을 발견했다고 하지만, 실제로는 15세기 후반 이탈리아의 수학자 루카 파치올리Luca Pacioli가 발견한 것으로 추정됩니다. 파치올리는 현대 회계의 창시자이기도 합니다.
- 원금이 3배가 되려면 얼마가 걸리는지 알고 싶은가요? 114를 수익률로 나누면 됩니다. 4배가 되는 기간은 288을 수익률로 나누고요.

핵심 정리

- 72의 법칙은 수익률이 일정할 때 원금이 2배가 되는 시간을 대략적으로 계산하는 방법입니다.
- 돈이 빨리 2배가 되게 하려면 첫째 주식 투자처럼 수익률을 높일 방법을 찾고, 둘째 돈을 인출하지 말고 계속 불어나게 놔두세요.

> 72의 법칙은 복리의 지름길이고 야식 흡입은 비만의 지름길이다.
>
> – 냅킨 파이낸스

크라우드펀딩

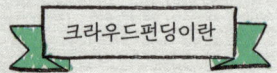
크라우드펀딩이란

많은 사람에게서 자금을 조달하는 수단

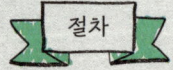
절차

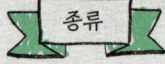

| 아이디어 | 프로젝트 | 공유 | 후원 | 목표 달성 |

 → → → →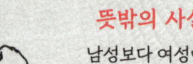

종류

 금전적 보상 — 증권형 & 대출형

 비금전적 보상 — 보상형 & 기부형

뜻밖의 사실
남성보다 여성이 진행하는 프로젝트에 더 많은 돈이 모인다!

02
크라우드펀딩

Crowdfunding

크라우드펀딩은 인터넷의 힘을 빌려 많은 사람에게서 자금을 조달하는 수단입니다. 킥스타터Kickstarter 같은 크라우드펀딩 사이트를 이용해서 아이디어를 알리고 후원을 받을 수 있습니다(한국에서는 텀블벅과 와디즈가 대표적이다 - 옮긴이).

펀딩의 절차

크라우드펀딩 프로젝트는 보통 이런 식으로 진행됩니다.

- 1단계: 아이디어를 구상한다. 아이디어를 실현하기 위해 돈이 얼마나 필요한지 계산한다.

- 2단계: 크라우드펀딩 사이트를 선택한다. 프로젝트 소개 글을 쓰고 프로젝트를 게시한다.
- 3단계: SNS를 포함해 가능한 모든 수단을 동원해서 프로젝트를 홍보한다. 최대한 많은 사람에게 알려야 하므로 입소문이 중요하다!
- 4단계: 후원금이 들어온다(부디 목표액을 돌파하길). 아이디어를 실현한다.

크라우드펀딩의 종류

크라우드펀딩의 종류는 다음과 같습니다.

	방식	대표적 사이트
기부형	돈이 필요한 사람에게 아무 대가를 바라지 않고 기부한다.	GoFundMe, CrowdRise
보상형	상품을 개발하려는 사업가에게 돈을 주고 나중에 개발이 완료된 상품을 남들보다 먼저 받는다.	Kickstarter, Indiegogo
증권형	주식을 사듯이 신생 회사에 돈을 투자하고 지분을 받는다.	SeedInvest, Wefunder
대출형	필요한 사람에게 돈을 빌려주고 이자를 받는다.	LendingClub, Prosper

장단점

크라우드펀딩의 장점과 단점은 다음과 같습니다.

	장점	단점
프로젝트 진행자	- 쉽고 편하다. - 많은 사람에게 알릴 수 있다.	- 초반에는 주변 사람들에게 후원을 부탁해야 한다(쑥스럽다). - 목표액을 달성한다는 보장이 없다.
후원자·투자자	- 얼굴 없는 회사나 단체가 아니라 사람을 돕는다. - 멋진 상품이나 서비스의 탄생에 동참한다.	- 안전장치가 별로 없어서 사기당할 수 있다. - 후원금은 소득공제가 안 된다.

재미있는 사실

- '이런 게 된다고?' 싶을 만큼 엉뚱한 아이디어로 킥스타터에서 수천 달러를 유치한 프로젝트도 있습니다. 예를 들면 감자샐러드 만들기, 영국 드라마 〈닥터 후〉에 나오는 공중전화 부스와 비슷하게 생긴 경찰서 연결용 전화 부스를 우주에 쏘아 올리기 등입니다.
- 미국에서는 남성보다 여성이 진행하는 크라우드펀딩 프로젝트에 더 많은 돈이 모이는 경향이 있는데, 어쩌면 여성이 더 믿을 만하다는 인상을 주기 때문일지도 모르겠습니다.

핵심 정리

- 크라우드펀딩은 인터넷에서 소액 후원을 통해 거액을 조달하는 방법입니다.
- 구호 활동에 쓸 기부금을 모으는 데 사용되기도 하고, 새로운 사업을 시작하기 위한 자금을 마련하는 데 사용되기도 합니다.
- 크라우드펀딩이 프로젝트 진행자와 후원자에게 쉽고 편리한 방식이긴 하지만, 양측 모두에게 보호장치가 부실하고 아무것도 보장되지 않는다는 단점이 있습니다.

파티에 각자 음식을 가져오게 하면 그게 바로 크라우드펀딩이지.

– 냅킨 파이낸스

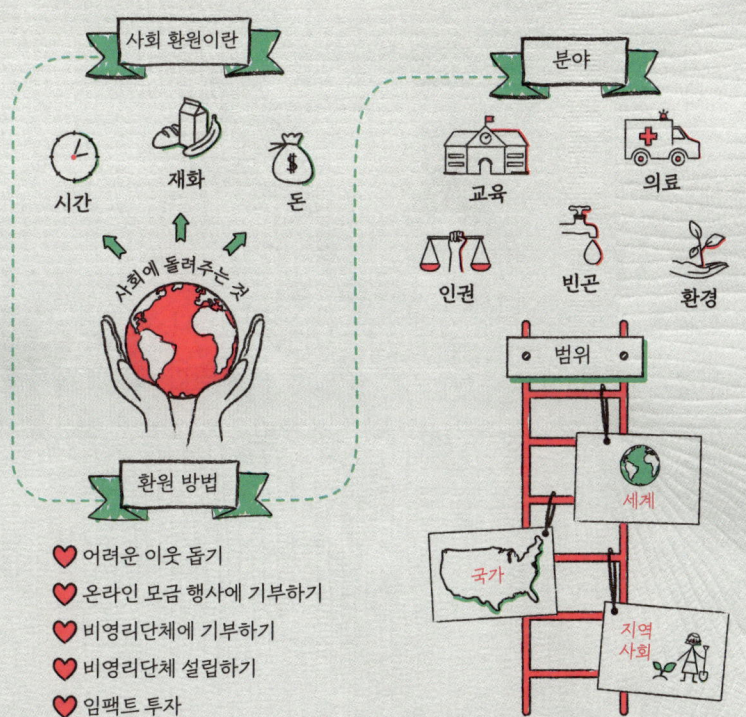

03 사회 환원

Philanthropy

사회 환원은 내가 가진 것을 사회에 돌려주는 것입니다. 어려운 사람을 돕기 위해 돈, 재화, 시간, 노력을 쓰는 것이죠. 세금 감면 때문에 사회 환원을 하는 사람도 있고 함께 사는 세상에서 뜻깊은 일을 하고 싶어서 하는 사람도 있습니다.

> "앞으로 나아가려면 내가 가진 것을 사회에 돌려줘야 한다."
> — 오프라 윈프리 Oprah Winfrey, 방송인

사회 환원의 방법

타인을 돕는 방법은 여러 가지입니다.

- 이웃에 사는 어려운 사람을 돕는다.
- 온라인 모금 행사에 기부한다.
- 비영리단체에 돈, 물품, 시간을 기부한다.
- 직접 비영리단체를 설립해서 아직 관심이 부족한 곳에 도움의 손길을 내민다.
- 단순히 돈의 증식만 목표로 하는 게 아니라 사회 기여도 꾀하는, 이른바 '임팩트 투자impact investing'를 한다.

기부할 때 생각해볼 것

비영리단체에 기부할 때는 특별히 관심 있는 분야의 단체를 찾아보면 좋습니다. 예를 들면 인권, 교육, 환경, 의료, 빈곤 분야가 있습니다.

그리고 나의 기부 행위가 어디까지 영향을 미쳤으면 좋을지도 생각해볼 필요가 있습니다.

- 지역 사회: 어려운 이웃 돕기, 무료급식소에서 봉사활동 하기
- 국가: 이재민 성금 보내기, 의학 연구기관 후원하기
- 세계: 분쟁 지역 주민 의료 지원, 난민 기아 해결, 빈곤층 교육 지원 등에 종사하는 구호단체에 기부하기

> "내가 존경하는 사람은 사회에 대한 불만만 말하지 않고 사회를 바꾸기 위해 노력하는 사람이다."
>
> – 마이클 블룸버그Michael Bloomberg, 사업가이자 정치인

미리 알아두면 좋은 것

기부금에 대해 세금 감면을 원한다면 알아둬야 할 규정이 있습니다. 일반적으로 미국에서는 개인에게 기부한 금액은 직접 전달한 것이든 크라우드펀딩을 통한 것이든 간에 공제 대상이 아닙니다. 그리고 공제를 받으려면 항목별공제를 선택해야 합니다.

재미있는 사실

- 워런 버핏과 빌 게이츠Bill Gates, 밀린다 게이츠Melinda Gates 부부가 시작한 기빙플레지The Giving Pledge는 부호들이 대부분의 재산을 사회에 환원하겠다고 약속하는 운동입니다. 지금까지 세계적으로 약 200명이 서약했습니다.
- 남성보다 여성이 자선단체 기부 비율이 높고, 평균 기부 금액도 더 많습니다.
- 영리 행위를 통해 사회 환원을 도모하는 기업도 있습니다. 안경 회사 워비파커Warby Parker와 신발 회사 탐스Toms는 고객이 하나를 사면

회사에서 하나를 기부합니다.

핵심 정리
- 사회 환원은 돈, 시간, 전문 능력 등 내가 가진 것을 좋은 일에 쓰는 것입니다.
- 사회 환원의 방법은 다양하기 때문에 무엇을 기부할 것이고 어떤 것에 영향을 미치고 싶은가를 기준으로 선택하면 됩니다.
- 기부금으로 세금을 감면받으려면 정해진 규정을 따라야 합니다.

> 미안하지만 무료급식소 봉사 사진에 '좋아요'를 누르는 건 사회 환원으로 안 쳐줘요.
> – 냅킨 파이낸스

헤지펀드

헤지펀드란

규제를 적게 받는 펀드

특징

- 부자만 투자 가능
- 다양한 자산 보유 가능
- 불투명성
- 고액 수수료
- 현금화 제약

알아두면 좋은 것

헤지 = 투자 위험을 상쇄하는 것

하지만 많은 헤지펀드가 헤지를 안 한다!

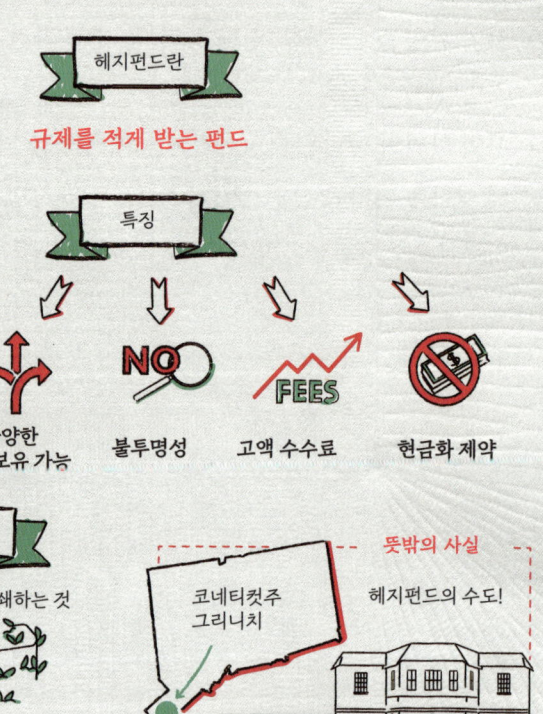

뜻밖의 사실

코네티컷주 그리니치

헤지펀드의 수도!

04
헤지펀드

Hedge Funds

헤지펀드도 일반 펀드와 마찬가지로 투자자들의 돈을 모아서 전문가에게 운용을 맡깁니다. 하지만 일반 펀드와 달리 규제를 적게 받고 위험성이 큽니다. 고삐 풀린 펀드라고나 할까요?

헤지펀드 vs. 일반 펀드

헤지펀드와 일반 펀드는 투자자들의 돈을 모아서 운용한다는 것만 같을 뿐 서로 큰 차이점이 있습니다.

	헤지펀드	일반 펀드
투자 주체	부자들만(감독기관에서 자산 규모나 소득 수준의 하한선을 정해놓았음)	누구나

투자 대상	일반 주식과 채권은 물론이고 파생상품, 생명보험 계약 등 대부분 상품에 투자한다.	투자 대상의 범위가 법적으로 엄격하게 정해져 있고 대부분은 일반적인 주식과 채권에 투자한다.
포트폴리오 공개	의무 사항이 아니다. 투자자(또는 정부)에게 현재 어떤 투자 자산을 보유하고 있는지 자세히 알리지 않아도 된다.	의무 사항이다. 보유한 투자 자산을 낱낱이 기재한 보고서를 주기적으로 발행해야 한다.
수수료	매우 비싸다. 일반적으로 투자금의 2%와 수익의 20%다.	보통. 평균 0.5% 정도다.
인출	어렵다. 투자자가 돈을 인출할 수 있는 조건이 엄격하게 정해져 있다.	쉽다. 보통은 어느 거래일에든 환매할 수 있다.

헤지펀드의 종류

대표적으로 다음과 같은 헤지펀드가 존재합니다.

- 롱/숏: 특정 주식의 상승과 하락에 베팅한다.
- 행동주의: 문제가 있는 기업의 지분을 대량 매입해 변화를 촉구함으로써 주가 상승을 꾀한다.
- 매크로: 중국 경제의 침체 가능성, 달러의 약세 가능성 등 국제 경제의 흐름에 베팅한다.
- 부실채권: 파산 직전에 있는 기업의 채권을 헐값에 매입한다.
- 영화: 영화에 투자한다.

- 미술: 고가의 미술품으로 구성된 포트폴리오를 운용한다.

"헤지펀드의 핵심은 영악한 수수료 체계다."

– 미상

재미있는 사실
- 투자에서 '헤지 hedge'는 다른 투자 자산의 위험을 상쇄하는 자산에 투자함으로써 위험을 줄이는 것을 뜻합니다. 그래서 헤지펀드라고 하면 헤지를 전문으로 하는 펀드라고 오해하기 쉬운데, 그렇지 않은 헤지펀드가 훨씬 많습니다.
- 한때는 버니 메이도프의 헤지펀드가 세계 최대 헤지펀드였습니다.
- 실리콘밸리가 IT의 수도라면, 헤지펀드의 수도는 코네티컷주 그리니치입니다.

핵심 정리
- 헤지펀드도 일반 펀드처럼 투자자들의 돈을 모아 전문적으로 운용합니다.
- 헤지펀드는 일반 펀드와 달리 고액의 수수료를 청구하고, 공시 의무가 제한적이며, 투자금 인출에 제약이 있습니다.

- 운용 전략은 저마다 달라도 헤지펀드는 기본적으로 고위험 투자처입니다.

> 헤지펀드는 해지가 어렵다.　　　　　　　　　　－ 냅킨 파이낸스

보이지 않는 손

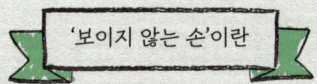
'보이지 않는 손'이란

이론: 사람들이 사익을 추구하는 게 사회에 이롭다.

창시자
↓
국부론

애덤 스미스

1단계
사람들이 돈을 벌기 위해 노력한다.

2단계
다른 사람들이 물건을 산다.

4단계
사람들이 버는 돈이 늘어난다. 모두가 더 잘살게 된다!

원리

3단계
좋은 사업은 번창하고 나쁜 사업은 망한다.

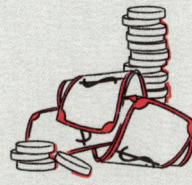
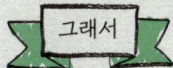
그래서

자본주의가 공산주의보다 우월하다는 근거로 사용된다.

8장 재테크 유식자 되기

05
보이지 않는 손

Invisible Hand

'보이지 않는 손'은 애덤 스미스Adam Smith가 주창한 경제 이론입니다. 스미스에 따르면, 사람들이 사익을 추구할 때 역설적이게도 사회에 이익이 됩니다. 자본주의 경제에서는 모든 사람이 보이지 않는 손에 의해 사회에 가장 이익이 되는 행동을 하니까요(적어도 이론상으로는 그렇습니다).

> "우리가 저녁 식사를 기대할 수 있는 이유는 푸줏간 주인, 양조장 주인, 제과점 주인의 자비심 때문이 아니라 사사로운 이익에 대한 그들의 관심 때문이다."
> – 애덤 스미스, 경제학자

보이지 않는 손의 원리

보이지 않는 손 이론에서는 자본주의가 다음과 같은 선순환을 만든다고 봅니다.

- 1단계: 사람들이 돈을 벌기 위해 회사를 세우고 상품과 서비스를 판매한다.
- 2단계: 다른 사람들이 무엇을 얼마나 살지 스스로 결정한다. 사람들이 많이 사는 것은 생산량이 늘어나고, 적게 사는 것은 생산량이 줄어든다.
- 3단계: 좋은 사업은 번창하고 나쁜 사업은 망한다.
- 4단계: 사람들이 버는 돈이 늘어나고, 사람들이 쓰는 돈이 늘어나고, 일자리를 가진 사람이 늘어난다. 모두 더 잘살게 된다.

이렇게도 사용된다

보이지 않는 손 이론은 주로 자본주의가 공산주의보다 우월하다는 주장의 근거로 사용됩니다. 자본주의에서는 사람들이 직업과 소비의 대상을 자유롭게 결정할 수 있지만 공산주의에서는 국가가 결정합니다. 자본주의와 공산주의는 이런 점에서 차이가 납니다.

	자본주의	계획경제(=공산주의)
어떤 직업을 가질 수 있는가?	자유롭게 선택(그리고 변경)할 수 있다.	정부에서 배정한다.
무엇을 구매할 수 있는가?	돈만 있으면 무엇이든 살 수 있다.	정부에서 미리 정해진 대로 재화를 배급한다.
무엇을 생산할지 누가 결정하는가?	기업 등 생산자가 결정한다.	정부가 제화공에게 1년 동안 몇 켤레를 만들라는 식으로 지시한다.
누가 위험을 감수하는가?	개인이 위험을 감수한다. 돈을 못 벌면 가난해지고 돈을 많이 벌면 부유해진다.	사회가 위험을 감수한다. 부자도 거지도 생기지 않는다(이론상으로는).

재미있는 사실

- 애덤 스미스가 저녁 식사를 할 수 있었던 게 정육점 주인과 세과섬 주인의 사익 추구 때문만은 아니었습니다. 그의 모친이 평생 저녁을 차려줬거든요(그는 60대에 어머니를 여의었습니다).

- 영화 〈쥬라기 공원〉에 이런 말이 나오죠. "생명은 어떻게든 길을 찾습니다." 자본주의도 어떻게든 길을 찾습니다. 그래서 공산주의 국가와 감옥처럼 제약된 경제체제에서는 담배, 금, 달러가 대체 화폐로 사용됩니다(최근 미국 감옥에서는 담배보다 라면이 인기라는군요).

핵심 정리

- 보이지 않는 손 이론에 따르면, 사람들이 어떻게 돈을 벌고 무엇을 살지 스스로 결정할 수 있을 때 사회와 경제가 더 잘 돌아갑니다.
- 보이지 않는 손 이론은 자본주의가 누가 무엇을 생산하고 무슨 일을 할지를 정부가 대신 결정하는 공산주의보다 우월하다는 근거로 사용됩니다.

> 부디 시장의 보이지 않는 손이 내게 가운뎃손가락을 날리는 일은 없길!
> — 냅킨 파이낸스

게임 이론

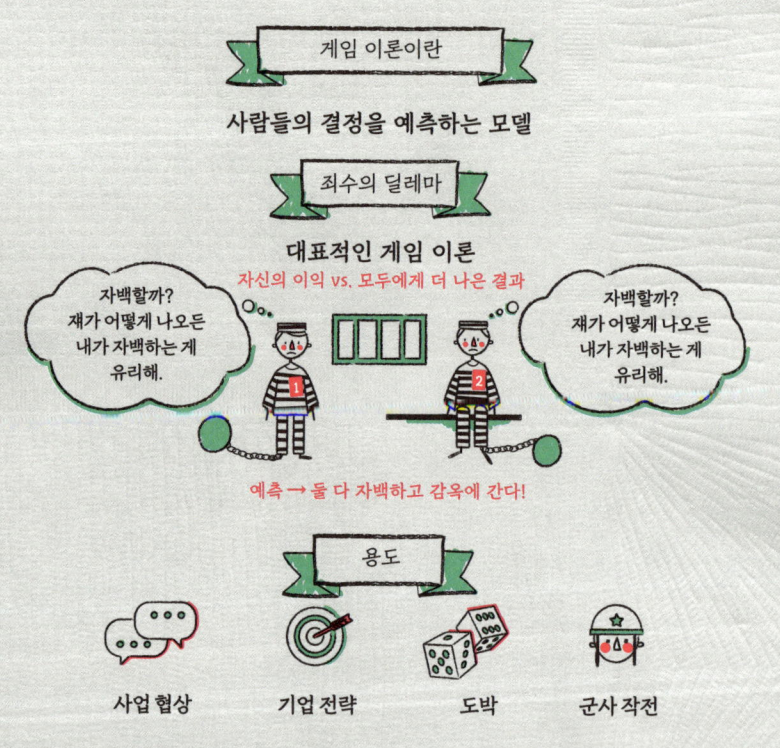

06
게임 이론

Game Theory

게임 이론은 난처한 상황에서 사람들이 어떤 결정을 내릴지 예측하는 경제학 모델입니다.

게임 이론의 예시

대표적인 게임 이론이 '죄수의 딜레마'입니다. 자, 공범 2명이 경찰에 체포됐습니다. 그들의 형량은 자백 여부에 따라 달라집니다.

	죄수 1의 자백(죄수 2를 배신함)	죄수 1의 침묵
죄수 2의 자백(죄수 1을 배신함)	둘 다 자백→둘 다 5년형	죄수 2 자백→석방, 죄수 1 침묵→8년형
죄수 2의 침묵	죄수 1 자백→석방, 죄수 2 침묵→8년형	둘 다 침묵→둘 다 6개월형

당연히 최상의 시나리오는 둘 다 자백하지 않는 겁니다. 하지만 죄수 1과 죄수 2는 따로 취조를 받기 때문에 상대방이 어떻게 나올지 알 수 없습니다.

죄수 1의 입장에서는 죄수 2가 자백을 하든 말든 자신은 자백하는 것(죄수 2를 배신하는 것)이 유리합니다. 자신이 자백했는데 죄수 2도 자백한다면(자기를 배신한다면) 자신은 8년형보다 짧은 5년형을 받습니다. 만약에 자신이 자백했는데 죄수 2가 자백하지 않는다면 자신은 석방됩니다. 죄수 2의 입장도 마찬가지입니다.

그래서 이 모델에서는 둘 다 상대방을 배신하리라고 예측합니다. 이를 게임 이론의 창시자인 경제학자 존 내시John Nash의 이름을 따서 '내시 균형'이라고 부릅니다.

게임 이론의 용도

현실에서 게임 이론은 다음과 같은 상황에서 의사결정을 위한 수단으로 사용됩니다.

- 사업 협상
- 도박
- 기업 전략 수립

- 군사 작전 입안

재미있는 사실

- 연구자들이 실제 죄수를 동원해 죄수의 딜레마를 테스트했더니 쌍방을 배신하는 비율이 50%가 채 안 돼 게임 이론에서 예측하는 비율보다 훨씬 낮은 것으로 나타났습니다(단, 보상은 형량 감소가 아니라 커피와 담배였습니다).
- 게임 이론은 쿠바 미사일 위기와 같은 핵 교착상태의 결과를 예측하는 용도로도 사용됐습니다(우리가 아직 무사한 걸 보면 지금까지는 효과가 있는 것 같군요).
- 영화 〈뷰티풀 마인드〉에 존 내시가 게임 이론의 영감을 받는 장면이 나옵니다. 술집에 간 내시와 친구들은 똑같은 여성에게 말을 걸고 싶어 합니다. 이때 내시는 그들이 모두 그 여성에게 호감을 보이면 아무도 선택받을 수 없을 테니까 그녀를 무시하고 대신 그녀의 친구들에게 말을 걸어야 한다는 것을 깨닫습니다.

핵심 정리

- 게임 이론은 전략이 요구되는 상황에서 사람들이 무엇을 결정할지 예측하는 이론입니다.

- 게임 이론은 서로의 행동을 예측하거나 통제할 수 없는 상황에서 양측이 어떤 행동을 할지 합리적으로 추측합니다.
- 게임 이론은 사업과 군사 행동과 관련된 의사결정을 할 때 사용될 수 있습니다.

뭐? 죄수의 딜레마를 배우려고 범행을 저질렀으니 선처 바란다고?!

– 냅킨 파이낸스

8장 퀴즈

01 72의 법칙이란?

a. 72세까지 부자가 되지 못하면 절대 부자가 될 수 없다는 투자계의 법칙

b. 자산 중 주식의 적정 비율을 계산하는 법칙

c. 수익률이 일정할 때 원금이 2배가 되는 시간을 계산하는 법칙

d. 인생은 72세부터라는 장수 시대의 법칙

02 크라우드펀딩이란?

a. 많은 사람에게서 소액을 뜯어내 부자가 되는 사기술

b. 인터넷에서 좋은 투자 아이디어를 건지는 방법

c. 많은 사람에게 소액의 후원금을 지급하는 것

d. 인터넷의 힘을 빌려 많은 사람에게서 자금을 조달하는 수단

03 크라우드펀딩 프로젝트를 시작할 때 꼭 필요한 것은?

a. 크라우드펀딩 사이트를 선택하고 소개 글을 작성한다.

b. 세무서에 신고한다.

c. 번쩍번쩍 빛나는 양복 한 벌을 맞춘다.

d. 잘나가는 친구들에게 사업 밑천을 빌려달라고 부탁한다.

04 다음 중 크라우드펀딩에 속하는 것은?

a. 증권형: 투자자가 회사의 지분을 받는다.

b. 대출형: 투자자가 이자를 받는다.

c. 보상형: 투자자가 남들보다 먼저 완성품을 받는다.

d. a~c 모두

05 크라우드펀딩 투자의 장점은 정부에서 투자금을 보호해준다는 것이다.

a. 그렇다.

b. 아니다.

06 사람들이 사회 환원을 하는 이유는?

a. 큰 이익을 얻기 위해

b. 세금 감면과 보람 때문에

c. 천국이 실제로 존재할지 모르니까 보험용으로

d. 사회 환원이 무슨 뜻인지도 모르고 남들이 하니까 그냥 얼떨결에

07 다음 중 사회 환원에 속하는 것은?

a. 식당 종업원에게 팁을 준다.

b. 종이 빨대를 이용한다.

c. 자신에게 선물을 준다.

d. 임팩트 투자를 한다.

08 크라우드펀딩을 통해 절박한 사람을 후원하는 것은 소득공제 대상이 아니다.

a. 그렇다.

b. 아니다.

09 헤지펀드란?

a. 위험을 헤지하는 펀드

b. 규제를 적게 받고 고액의 수수료를 청구하는 펀드

c. 은행 대출을 받으려면 가입해야 하는 펀드

d. 사기꾼이 매니저 행세를 하는 펀드

10 헤지펀드 투자자의 조건은?

a. 자산이나 소득이 일정 수준 이상이어야 한다.

b. 투자 소양 검사를 통과해야 한다.

c. 펀드매니저와 같이 골프 치는 사이여야 한다.

d. 명문대를 졸업해야 한다.

11 헤지펀드는 규제를 강하게 받기 때문에 지금까지 큰 사건 사고가 없었다.

a. 그렇다.

b. 아니다.

12 보이지 않는 손이란?

a. 룸메이트가 누가 자기 맥주를 다 마셨냐고 씩씩거릴 때 둘러대는 핑계

b. 어둠 속에서 정부를 조종하는 세력

c. 자본주의가 공산주의보다 우월하다는 근거로 사용되는 경제 이론

d. 온라인에서 사용되는 음란한 용어

13 공산주의와 대조되는 자본주의의 특징은?

a. 정부에서 주거를 보장한다.

b. 댄스파티가 합법이다.

c. 주식시장이 중앙화되어 있다.

d. 사람들이 무슨 일로 생계를 유지하고 무엇을 소비할지 스스로 결정한다.

14 게임 이론이란?

a. 전략적 결정을 예측하기 위한 경제학 모델

b. 암호화폐 투자자들의 매매 전략

c. 프로게이머의 필수 지식

d. 워런 버핏의 종목 선정법

15 게임 이론이 사용될 수 있는 경우는?

a. 기업 전략 수립

b. 군사 전략 수립

c. 여자 꼬시기 전략 수립

d. a~c 모두

정답

1. c	2. d	3. a	4. d
5. b	6. b	7. d	8. a
9. b	10. a	11. b	12. c
13. d	14. a	15. d	

9장

잘 생각해서 신고하세요

정해져 있는 세금을 덜 낼 수도 있을까?

9장 '세금' 주제는 옥효진 선생님이 한국 실정에 맞춰서 내용을 수정 및 감수하였습니다.

세금

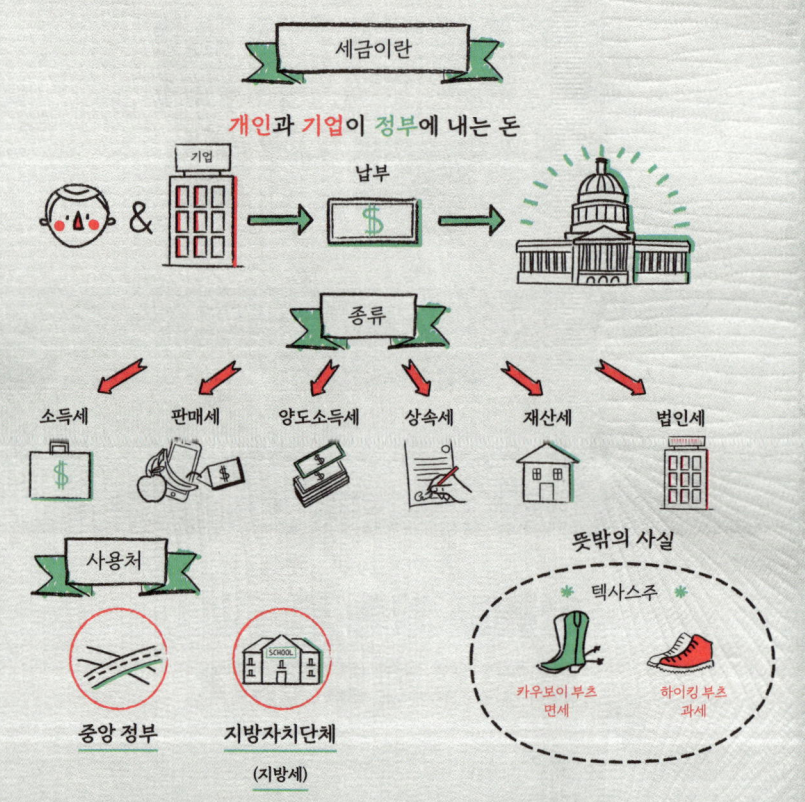

01
세금

Taxes

세금은 개인과 기업이 정부에 의무적으로 내는 돈입니다.

세금의 종류
정부는 개인이나 기업이 돈을 벌면(소득이 생기면) 거의 예외 없이 그중 일부를 취합니다. 예를 들면 이런 식입니다.

- 소득세: 정기적인 근로소득이 발생했을 때는 물론이고 긱경제gig-economy(단기·임시계약 경제 - 옮긴이)나 저축 이자·투자로 소득이 생겼을 때도 낸다.
- 부가가치세: 상점, 식당, 온라인에서 상품을 구입할 때 낸다.

- 재산세: 토지, 주택, 항공기, 선박을 보유하면 낸다.
- 양도소득세: 투자 자산을 팔아 수익이 났을 때 낸다.
- 상속세: 사망한 사람으로부터 재산을 물려받았을 때 낸다.
- 법인세: 법인(주식회사, 사단법인 등)이 얻는 소득에서 내는 세금이다.

내 세금이 쓰이는 곳

우리가 낸 세금은 국회의원 세비, 교량 보수, 대외 원조 등 다양한 목적으로 사용됩니다. 좀 더 자세히 보면 이렇습니다.

- 국세는 중앙 정부에서 다음과 같은 곳에 사용한다.
    - 국방비
    - 일자리 마련, 직업 훈련
    - 의무교육 교육 시설
    - 공무원 급여 지급

- 지방세는 이런 곳에 사용된다.
    - 지역축제 개최
    - 공립학교
    - 교통

- 지역 체육시설 운영

"세금은 문명사회를 유지하기 위해 부담해야 하는 돈이다."
― 올리버 웬들 홈스 2세Oliver Wendell Holmes Jr., 대법관

재미있는 사실

- 텍사스주에서 카우보이 부츠는 판매세가 면제되지만 하이킹 부츠는 과세됩니다(미국은 주별로 세금 정책이 다르다 - 옮긴이).
- 뉴욕주에서 베이글을 통째로 사면 판매세를 안 내도 됩니다. 하지만 썰어놓은 베이글을 사면 조리식품으로 취급돼서 판매세를 내야 합니다.
- 캔자스주에서 바닥에 고정된 열기구를 타면 오락세를 내야 합니다. 하지만 바닥에 고정되어 있지 않은 열기구는 교통수단으로 간주돼서 면세됩니다.
- 뉴멕시코주에서 100세 이상 장수자는 주 소득세가 면세됩니다.

핵심 정리

- 세금은 정부가 제 기능을 할 수 있도록 개인과 기업이 내는 돈입니다.
- 돈을 벌었을 때, 상품을 구입했을 때, 부동산을 보유하고 있을 때 세

금이 부과됩니다.
- 중앙 정부, 지방자치단체는 공익을 위해 다양한 목적으로 세금을 사용합니다.

자녀의 용돈에서 15%를 떼는 것으로 세금의 맛을 보여주자.

— 냅킨 파이낸스

연말정산

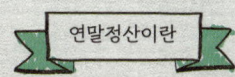
연말정산이란

마감일
3월 10일

내야하는 세금과 실제 세금의 차이를 확인하는 것

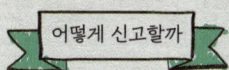
어떻게 신고할까

① ---------- ② ---------- ③ ---------- ④

봉급에서 자동으로 세금이 빠져나간다. | 1월에 신고서 양식을 받는다. | 신고서를 작성한다. | 세금을 추가로 납부하거나 돌려받는다.

 팁

▶ 온라인에서 무료로 신고할 수 있다.
▶ 연장을 요청할 수 있다.

02
연말정산

Tax Returns

대부분의 사람이 1년 내내 세금을 냅니다. 연말정산할 때는 기준이 되는 연도에 법적으로 얼마의 세금을 내야 했는지 계산한 후 실제로 낸 세금과 비교합니다. 세금을 덜 냈으면 그만큼 추가로 납부해야 하고, 반대로 세금을 더 냈으면 환급금이 들어오길 기다리면 됩니다.

세금 신고는 꼭 해야 합니다. 국세청은 건드리는 게 아니거든요. 진짜 큰일 납니다!

> "내가 무서워하는 게 딱 둘 있다. 하느님과 국세청이다."
> – 닥터 드레 Dr. Dre, 래퍼이자 프로듀서

연말정산 신고 절차

연말정산 절차는 다음과 같습니다.

- 1단계: 보통은 1년 동안 봉급에서 자동으로 세금이 빠져나간다(원천징수). 그 밖의 소득에서도 세금을 원천징수한 뒤 받는다.
- 2단계: 1월에 국세청 홈택스에서 연말정산 간소화 자료를 내려 받는다.
- 3단계: 간소화자료에 추가한다. 수정할 사항이 생기면 간소화자료와 함께 회사에 관련 증명 자료를 제출한다.
- 4단계: 세금을 더 내야 하거나 돌려받아야 하는 금액만큼 다음 달 월급명세서에 반영된다.

연말정산 시 필요한 것

연말정산을 하려면 기본적으로 다음과 같은 것이 필요합니다.

- 홈택스 로그인을 위한 인증서
- 간소화자료 추가를 위한 증명자료(월세, 교육비, 기부금 등)

알아두면 좋은 것

- 홈택스에서 '간소화자료 일괄제공 서비스'를 신청하면 근무하고 있

는 회사 측에서 알아서 자료를 내려받는다. 내가 하나하나 인쇄해서 제출하지 않아도 된다(신청자에 한함).
- 알리기 싫은 민감한 정보는 사전에 삭제할 수 있다.
- 급여를 받는 직장인이 아니라면 연말정산을 하지 않는다. 다만, 종합소득세신고 대상이 된다. 종합소득세신고는 5월에 따로 접수를 받는다(마찬가지로 홈택스에서 진행하면 된다).
- 급여 외에 추가적인 소득이 있다면 연말정산과 종합소득세신고를 모두 해야 한다.

재미있는 사실
- 미국 등 여러 나라에서는 한국과 달리 개인이 직접 세금 신고서를 일일이 작성해서 제출해야 합니다.
- 미국에서는 해마다 4월 15일(세금신고 마감일)이면 교통사고 사망률이 증가하는 경향이 있습니다. 그러니 더더욱 온라인 신고를 추천하는 경향이 있습니다.

핵심 정리
- 세금 신고서를 작성할 때는 작년에 정부에 냈어야 할 세금과 실제로 납부한 세금을 계산해서 그 차액을 확인합니다.

- 연말정산을 하기 위한 자료들은 국세청 홈택스 사이트에서 발급할 수 있으며, 추가·수정이 가능합니다.

> 국세청 : 알아서 신고할래, 맞고 신고할래?
>
> — 냅킨 파이낸스

소득공제

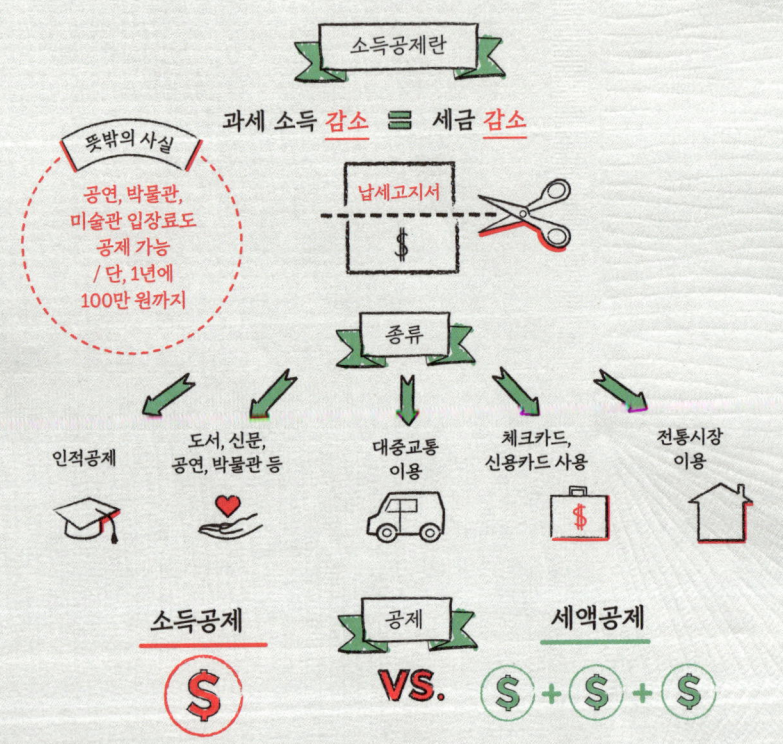

03
소득공제

Tax Deductions

소득공제는 세금을 계산할 때 기부금이나 학자금대출 이자로 낸 금액 등을 고려해 과세의 기준이 되는 소득액을 줄여주는 것을 뜻합니다. 소득공제를 받으면 그만큼 세금을 덜 냅니다. 예를 들어 1년 소득이 5만 달러인 사람이 1만 달러를 공제받는다면 소득액 4만 달러를 기준으로 세금이 부과됩니다.

일반적인 소득공제 유형

주로 다음에 대해 소득이 공제됩니다.

- 인적공제(배우자, 부모, 형제, 자녀 등)

- 주택청약통장 저축 금액
- 연금보험료(국민연금)
- 건강보험료
- 현금영수증 발급 금액
- 신용카드, 체크카드 사용 금액

"우리는 소득세를 신고할 때 초인적인 뺄셈 능력을 발휘한다."
- 로런스 J. 피터 Laurence J. Peter, 작가

소득공제와 세액공제

소득공제와 세액공제 모두 내야 할 세금을 줄여줍니다. 하지만 세액공제의 파괴력이 더 큽니다. 소득공제는 세금을 산정하는 기준이 되는 '소득액'을 감소시키지만, 세액공제는 공제액과 동일하게 '세금'을 감소시키거든요.

가령 5만 달러의 소득을 올렸고 세율이 25%(실제 세율은 더 복잡합니다)라고 해보죠. 1만 달러의 소득공제와 세액공제를 받는 경우를 비교하면 다음과 같습니다.

	1만 달러 소득공제	1만 달러 세액공제
과세소득	50,000 - 10,000 = 40,000	50,000
25% 세금	40,000 × 0.25 = 10,000	50,000 × 0.25 = 12,500
세액공제	0	10,000
최종 세금	10,000	2,500

세액공제 유형

다음과 같은 경우에 세액공제를 받을 수 있습니다.

- 만 7세 이상 자녀 수
- 보장성 보험료
- 의료비
- 교육비
- 기부금

재미있는 사실

- 업무 경비도 소득공제 대상인데 이 '업무 경비'의 범위가 생각보다 넓습니다. 한 스트리퍼는 유방 확대 보형물을 법원에서 무대 소품으

로 인정받아서 유방 확대 수술 비용이 공제됐다고 합니다.
- 안경, 콘택트렌즈 구입 비용도 세액공제 혜택을 받을 수 있습니다.

"자유와 정의는 만인의 것일지 몰라도 세금 혜택은 오직 일부의 것이다."
– 마틴 A. 설리번 Martin A. Sullivan, 경제학자

핵심 정리

- 소득공제는 세금의 산정 기준이 되는 소득액을 낮춰서 세금을 감소시킵니다.
- 흔히 공제되는 비용으로 주택청약통장 저축 금액, 체크카드와 신용카드 사용 금액 등이 있습니다.
- 소득공제도 좋지만 공제액만큼 세금을 감소시키는 세액공제가 더 좋을 수 있습니다.

오늘은 세금 환급금으로 소고기 사 먹어야지! – 냅킨 파이낸스

9장 퀴즈

01 다음 중 세금의 종류가 아닌 것은?

a. 소득세

b. 양도소득세

c. 전기세

d. 재산세

02 세금의 사용처는?

a. 국가 기밀

b. 온라인 쇼핑몰

c. 성형외과

d. 공립학교와 군대

03 재산세는 중앙 정부가 가져간다.

a. 그렇다.

b. 아니다.

04 연말정산이란?

a. 이웃의 탈세 행위를 신고하는 것

b. 해당 연도에 실제로 납부한 세금과 법적으로 납부해야 할 세금의 차액을 계산해서 세금을 더 내거나 이미 낸 세금을 돌려받는 것

c. 세금 체납액을 자진해서 납부하는 것

d. 회사가 직원들이 내야 할 세금을 당국에 통보하는 것

05 연말정산 간소화자료를 회사가 국세청에서 바로 받아보게 하려면?

a. 알아서 해주니 정말 가만히 앉아만 있는다.

b. 엄마에게 부탁한다.

c. 간소화자료 일괄제공 서비스를 신청한다.

d. 1인 시위를 한다.

06 인증서가 있으면 연말정산 간소화자료를 내려받을 수 있다.

a. 그렇다.

b. 아니다.

07 소득공제란?

a. 합법적으로 세금을 줄이는 법

b. 갑부들에게만 허용되는 절세법

c. 어차피 부모님이 알아서 하실 테니 신경 꺼도 되는 것

d. 100인치 텔레비전을 사기 위한 핑계

08 소득공제는 공제액과 동일하게 세금을 감소시킨다.

a. 그렇다.

b. 아니다.

09 다음 중 소득공제 대상이 아닌 것은?

a. 콘택트렌즈 구입비

b. 신용카드 사용 금액

c. 대중교통 이용 금액

d. 전통시장 이용 금액

10 1,000만 원 소득공제를 받는 것보다 1,000만 원 세액공제를 받는 것이 낫다.

a. 그렇다.

b. 아니다.

정답

1. c	2. d	3. b	4. b
5. c	6. a	7. a	8. b
9. b	10. a		

10장
빛나는 노후를 위해

연금으로 노후를 준비하자

10장 '연금' 주제는 김성일 저자가 한국 실정에 맞춰서 내용을 수정 및 감수하였습니다.

은퇴자금 준비하기

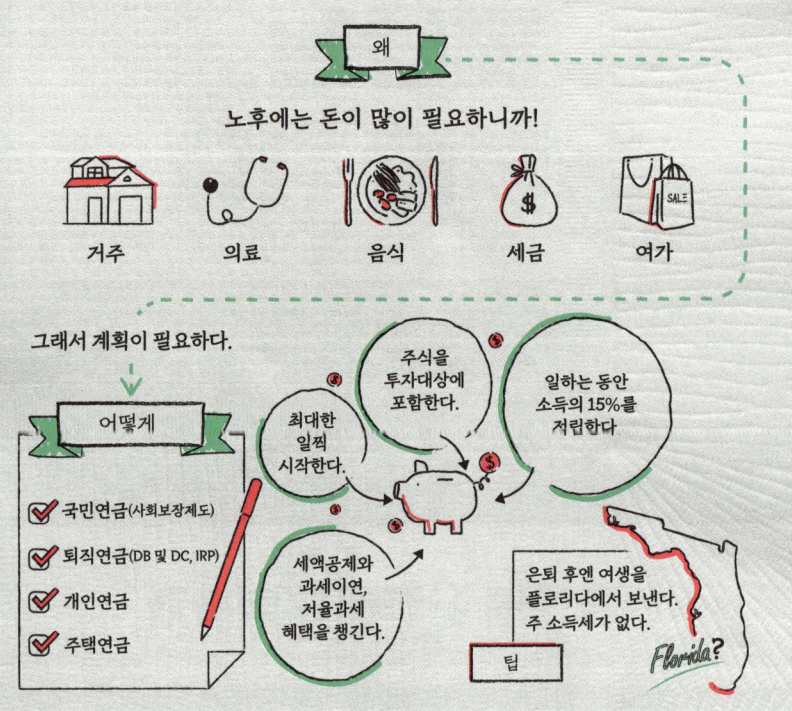

01
은퇴자금 준비하기

Paying for Retirement

은퇴라고 하면 먼 이야기처럼 들릴지도 모르겠군요. 일을 안 해도 먹고살 만큼 부자이거나 연금이 빵빵해서 당장 은퇴해도 되는 사람이 아니라면요. 하지만 나중에 해변에서 유유히 칵테일을 마시며 여생을 보내려면 지금부터 돈을 모아야 합니다.

왜 은퇴자금을 모아야 할까?

은퇴하려면 돈이 많아야 합니다. 거주, 의료, 음식, 세금, 여가… 이런 데 쓸 돈이 필요하거든요.

어떻게 모을까?

은퇴 후의 소득과 재산에는 이런 게 포함됩니다.

- 투자 계좌와 저축 계좌: 개인연금 및 퇴직연금 계좌에 넣은 돈도 은퇴자금이다.
- 국민연금(사회보장제도): 정부에서 지급한다.
- 퇴직금: 퇴직금을 주는 회사에 다니면 근무기간 내내 쌓인다.
- 주택: 보유한 주택도 일종의 은퇴자금이다.

은퇴 후의 대비책

국민연금은 일을 하는 동안 자동으로 납입됩니다. 하지만 퇴직금은 회사가 부도나거나 하면 받기가 매우 어렵습니다.

제일 중요한 노후 대비책은 저축입니다. 특히 세금 혜택이 있고 투자를 통해 금리 이상의 수익이 발생할 수 있는 연금 계좌를 이용하는 게 좋습니다. 한국의 대표적인 연금 계좌는 다음과 같습니다.

- 기업형 퇴직연금(DB형, DC형): 많은 회사에서 제공하는 퇴직연금 계좌로 퇴직금 제도의 단점이 보완된 계좌다. 특히 DC형은 펀드, ETF 등을 통해 다양한 자산에 투자할 수 있다.

- 개인형 퇴직연금(IRP): 근로자가 재직 중에 금융회사에서 직접 개설하는 계좌다. 세액공제, 과세이연, 저율과세 혜택이 있으며 펀드, ETF 등을 통해 다양한 자산에 투자할 수 있다.
- 연금저축펀드: 개인연금 제도의 하나로 세액공제, 과세이연, 저율과세 혜택이 있으며 펀드, ETF 등을 통해 다양한 자산에 투자할 수 있다.

꿀팁

노후를 대비해 충분한 돈을 모으려면 계획과 노력이 필요합니다. 많은 전문가가 이렇게 조언합니다.

- 최대한 일찍 시작한다. 퇴직연금을 제공하는 회사에 들어갔다면 가능한 한 DC형을 선택해 투자를 시작하는 게 좋다(또한 개인적으로 가입하는 IRP도 개설한다).
- 일을 하는 동안 되도록 연소득의 15%를 적립한다.
- 자산을 배분하여 투자하되 젊을 때는 주식 비중을 높인다. 장기적으로 보면 주식에 투자한 돈이 더 빠르게 불어난다.
- 연금저축펀드나 퇴직연금(DC형, IRP) 계좌에는 매년 세액공제 가능 한도까지 꽉 채워 납입해 연말정산을 최대한 많이 받는다.

재미있는 사실

- 왜 다들 플로리다에서 노후를 보내고 싶어 할까요? 날씨가 화창하고 멋진 해변이 있어서 그런 것만은 아닙니다. 개인소득세가 없는 미국 7개 주 중 하나이기 때문이죠.
- 은퇴 연령이 제일 낮은 나라는 아랍에미리트입니다. 아랍에미리트 국민은 49세부터 연금을 받을 수 있습니다(국외 거주자는 65세부터).

핵심 정리

- 노후에는 돈이 많이 필요하기 때문에 젊을 때부터 돈을 모아야 합니다.
- 일반적으로 연금저축펀드와 IRP처럼 세금 혜택이 있는 연금 계좌가 노후 자금을 모으기에 제일 좋습니다.
- 젊을 때 소득의 15%를 적립하고 주식의 비중을 높이면 노후가 편안해집니다.

은퇴는 케이크를 만드는 것과 같다. 미리 계획을 잘 세워야 한다.

– 냅킨 파이낸스

개인연금과 퇴직연금

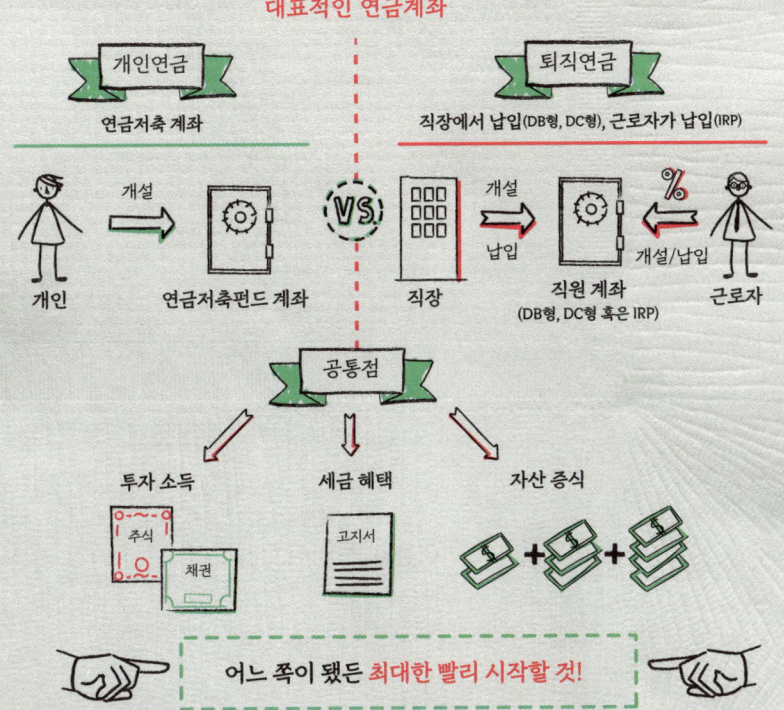

02
개인연금과 퇴직연금

Pension

개인연금과 퇴직연금은 인기 있는 연금 계좌입니다. 일반 기업 근로자 대부분이 이런 계좌를 적어도 하나쯤은 갖고 있습니다(공무원 대상으로 또 다른 제도가 있습니다). 2개 이상 보유한 사람도 많습니다.

차이점

개인연금과 퇴직연금은 목적은 동일하지만 다음과 같은 점이 서로 다릅니다.

	개인연금(연금저축펀드)	퇴직연금(DB형, DC형 및 IRP)
개설 방법	금융 회사에서 직접 계좌를 개설한다.	DB형, DC형은 직장의 제도에 의해 가입되며, IRP는 근로자가 금융 회사에서 직접 계좌를 개설한다.
납입 방식	계좌로 입금한다.	DB형, DC형은 직장에서 자동으로 적립하며, IRP는 개인이 직접 계좌로 입금한다.
수령 시기	해외 이주 등 부득이한 사유가 아닌 경우, 최소 5년 이상 납입해야 하고, 55세부터 10년 이상 연금으로 수령해야 낮은 세율로 과세된다.	해외이주 등 부득이한 사유가 아닌 경우, 최소 5년 이상 납입해야 하고, 55세부터 10년 이상 연금으로 수령해야 낮은 세율로 과세된다.
특징	연금저축펀드의 경우 펀드, ETF 등의 상품을 이용해 주식, 채권 등 다양한 자산에 투자할 수 있다.	DC형이나 IRP형의 경우 펀드, ETF 등의 상품을 이용해 주식, 채권 등 다양한 자산에 투자할 수 있다(DB형은 직장에서 관리함).

장점

연금저축펀드와 퇴직연금(DC형 및 IRP)은 다음과 같은 점이 좋습니다.

- 투자소득: 가입자가 납입금의 투자 방식을 선택할 수 있고 이에 따라 장기적으로 수익률을 향상시킬 수 있다.
- 세금 혜택: 계좌에 있는 돈이 불어나도 세금이 적게 붙는다.
- 자산 축적: 정기적으로 납입금을 넣고 그 돈이 불어나면 목표하는

노후 자금을 마련할 수 있다.

재미있는 사실

- 파이어FIRE족을 아시나요? 불장난 좋아하는 사람들이냐고요? 아닙니다. 파이어는 '경제적 독립을 통한 조기 은퇴Financial Independence, Retire Early'의 줄임말로, 파이어족이란 이른 나이에 은퇴하기 위해 필사적으로 돈을 모으는 일부 밀레니얼 세대를 가리킵니다.

핵심 정리

- 개인연금과 퇴직연금은 대표적인 연금 계좌입니다.
- 퇴직연금(DB형, DC형)은 직장에서 제공하지만 연금저축펀드와 IRP는 직접 개설할 수 있다는 게 큰 차이점입니다.
- 둘 중 하나라도 보유하면 노후 자금을 마련하는 데 큰 도움이 됩니다.

> 개인연금과 퇴직연금에 차곡차곡 돈을 모으면 나중에 손주들이 저리 가라고 해도 좋다고 달라붙는 할아버지, 할머니가 될 수 있다.
>
> – 냅킨 파이낸스

사회보장제도

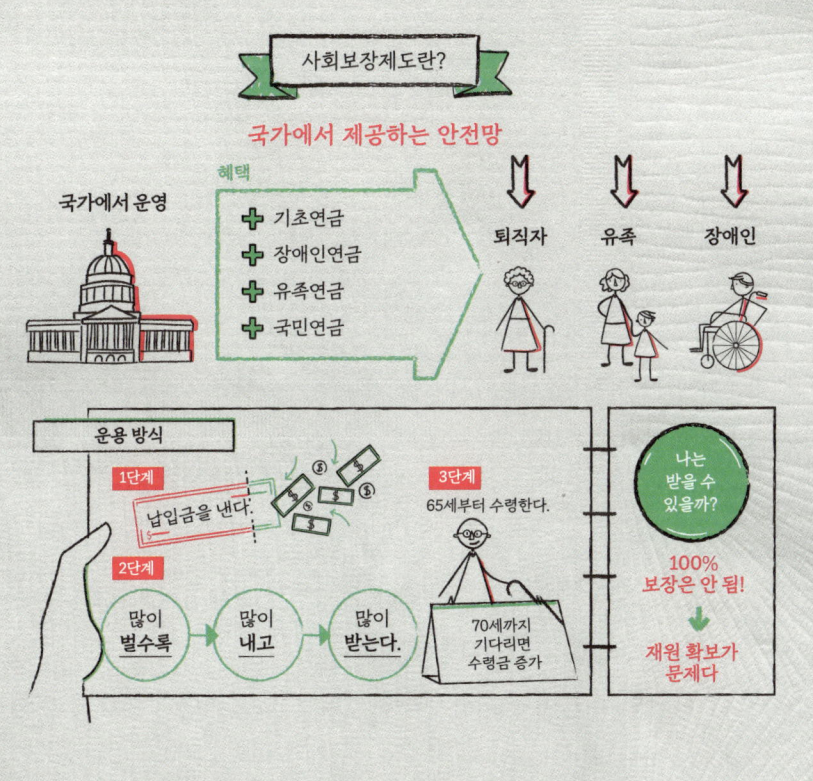

03
사회보장제도

Social Security

사회보장제도란 장애인이 되거나 은퇴 연령에 도달하는 것처럼 일정한 조건을 충족하는 사람에게 국가에서 연금을 지급하는 것입니다. 국가적 차원의 사회안전망이라고 할 수 있죠.

운용 방식

- 1단계: 일하는 동안 납입금을 낸다. 직장인이라면 급여의 4.5%는 국민연금에, 3.43%는 건강보험료로 나간다.
- 2단계: 소득이 늘어나면 납입금이 늘어나고 그에 따라 미래의 수령금도 늘어난다.
- 3단계: 10년 이상 납부하고 65세가 되면 연금을 수령할 자격이 되지

만, 70세까지 기다리면 매달 수령하는 금액이 더 커지기 때문에 가능하면 그때까지 버티는 게 좋다. 연금 수령을 시작하면 사는 동안 매달 돈이 나온다.

보장 범위

사회보장제도라고 하면 흔히 국민연금만 생각하는데, 실제로는 다음과 같은 혜택도 있습니다.

- 기초연금: 고령이며 저소득자에게 제공하는 연금이다.
- 장애인연금: 장애인이 되면 받는다.
- 유족연금: 연금 수급자가 사망하면 배우자나 자녀가 연금을 수령할 수 있다.
- 노인장기요양보험: 고령이나 노인성 질병에 걸리면 국가가 장기요양급여를 제공한다.

한계점

사회보장제도가 제공해주는 연금은 없는 것보다야 낫지만 노후에 마음껏 해외여행을 다닐 수 있는 수준은 안 됩니다. 그리고 정치적으로 논란이 있는 제도이기도 합니다. 진보 진영에서는 사회보장제도를 더욱 강화

해서 사회안전망을 확충해야 한다고 주장하고, 보수 진영에서는 수령금을 줄이고 납입금도 줄여야 한다고 말합니다.

재원 확보 문제도 꾸준히 지적되고 있습니다. 앞으로 많은 시간이 흘렀을 때, 그때도 받을 돈이 남아 있으리라고 100% 보장할 순 없다는 말이죠.

재미있는 사실

- 오늘 내가 국민연금에 납입하는 돈의 일부는 오늘 누군가가 수령하는 돈으로 나갑니다. 즉 미래에 내가 받을 연금은 그 시대의 노동인구에서 나와야 한다는 말이죠. 만일 저출산이 심각해진다면 연금 수령 금액이 넉넉지 못할 것입니다.
- 미국이나 한국의 교도소 수감자는 노령연금을 수령할 수 없습니다.
- 네덜란드는 대부분 노동자가 연금에 가입되어 있고 연금 수령액이 은퇴 이전 연간 소득의 70% 정도라고 합니다. 세계 최고의 연금제도를 운용하고 있다고 해도 과언이 아니죠.

핵심 정리

- 사회보장제도는 국가가 고령자, 장애인, 유족에게도 연금을 지급하는 사회안전망입니다.

- 국민연금을 납입하지 않아도 일부 사회보장제도의 도움을 받을 수 있습니다.
- 사회보장제도는 노후 소득에 보탬이 될 수는 있을지언정 유일한 소득원으로 삼을 정도는 아닙니다.

> 내가 낸 돈이 아까워서라도 오래 산다!
>
> — 냅킨 파이낸스

10장 퀴즈

01 노후를 대비해 저축을 시작해야 하는 시점은?

a. 운전면허증을 땄을 때

b. 록페스티벌에서 몸이 못 버틴다는 걸 느꼈을 때

c. 50세

d. 퇴직연금을 제공하는 직장에 들어갔을 때

02 안락한 노후를 보내기 위해 제일 중요한 것은?

a. 일하는 동안만 최대한 돈을 모은다.

b. 퇴직연금 적립금을 안전자산 위주로 투자한다.

c. 돈 많은 친척에게 온갖 아양을 떤다.

d. 푹신한 소파를 구입한다.

03 다음 중 퇴직연금에 부어야 하는 돈의 비율로 적절한 것은?

a. 세후 수익의 10%

b. 투자 수익의 20%

c. 소득의 15%

d. 카페에서 쓰는 돈의 30%

04 한국의 대표적인 퇴직연금계좌는?

a. IRA와 IRB

b. 개인연금과 퇴직연금

c. 보증 계좌와 미보증 계좌

d. 보조금 지급 계좌와 보조금 미지급 계좌

05 퇴직연금 납입 주체는?

a. 본인과 회사

b. 본인과 형제

c. 본인과 부모님

d. 부모님과 조부모님

06 개인연금과 퇴직연금의 공통되는 장점은?

a. 여객기 좌석 업그레이드

b. 생일 보너스

c. 상시 인출 가능

d. 세금 혜택

07 퇴직연금 DB/DC형은 개인이 직접 개설한다.

a. 그렇다.

b. 아니다.

08 사회보장제도란?

a. 국가유공자에게 지급되는 연금

b. 남 부러울 것 없는 노후를 보장하는 연금

c. 국가가 사회안전망의 일환으로 지급하는 연금

d. 전과자의 사회 재적응을 위해 지급되는 연금

09 소득이 많을수록 사회보장연금 수령액도 커진다.

a. 그렇다.

b. 아니다.

10 사회보장연금은 언제부터 수령할 수 있는가?

a. 65세부터(70세까지 기다리면 수령액이 늘어남)

b. 납입 기간이 5년을 경과한 시점부터

c. 나이와 상관없이 퇴직 직후부터

d. 대장내시경을 3회 받은 시점부터

11 사회보장연금을 유일한 수익원으로 여겨도 된다.

a. 그렇다.

b. 아니다.

정답

1. d	2. a	3. c	4. b
5. a	6. d	7. b	8. c
9. a	10. a	11. b	

11장
크게 한판 벌여보자

0에서 1을 만들어내는 땀나는 창업

사업

무에서 유를 창조하는 것

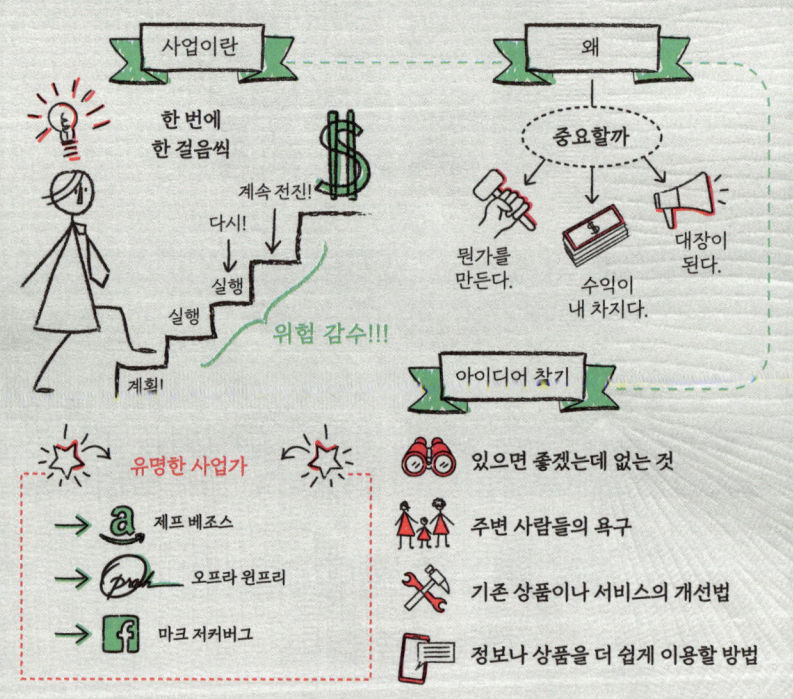

01
사업

Entrepreneurship

사업은 아이디어를 실현하기 위해 과감히 걸음을 내딛는 진취적 행위입니다.

　사업가라고 하면 제프 베조스Jeff Bezos, 오프라 윈프리, 마크 저커버그Mark Zuckerberg 같은 거물들이 먼저 떠오르겠지만 본업으로든 부업으로든 사업을 운영하는 사람이라면 누구나 사업가입니다.

> "자신의 꿈을 실현하지 않는 사람은 타인의 꿈을 실현하는 일꾼이 된다."
> － 토니 A. 개스킨스 주니어Tony A. Gaskins, Jr., 작가

사업의 장단점

사장님이 되려면 그만한 대가를 치러야 합니다.

장점	단점
내가 수익을 갖는다.	내가 모든 위험을 감수해야 한다.
자랑스러운 것을 만들어서 후대에 남길 수 있다.	아무리 아이디어가 좋아도 실패할 수 있다.
내가 대장이 되어 팀을 꾸린다.	큰 책임 = 큰 스트레스

사업에 대한 오해

꿈을 좇는 게 두렵게 느껴질 수도 있겠지만 잘못된 생각에 발목 잡히진 마세요.

오해	진실
사업을 시작하려면 돈이 많아야 한다.	초기 자본이 거의 들지 않는 사업도 있고 외부 투자자나 대출기관으로부터 자금을 조달하는 경우도 많다.
독창적이고 탁월한 아이디어가 있어야 한다.	많은 사업체가 기존의 제품이나 서비스를 토대로 성공했다.
실패하면 끝이다.	많은 사업가가 실패를 거듭한 끝에 큰 성공을 거뒀다. 실패를 두려워하지 않고 실패에서 배우는 게 중요하다.

아이디어를 도출하는 방법

남들이 혀를 내두를 만큼 독창적인 아이디어까지는 아니어도 아이디어는 필요합니다. 다음과 같은 것을 메모하는 습관을 기르세요.

- 내가 사용하고 싶지만 아무리 찾아도 찾을 수 없는 상품이나 서비스
- 기존의 상품이나 서비스로는 충족되지 않는 주변 사람들의 욕구
- 기존의 상품이나 서비스를 개선할 방법
- 사람들이 정보나 상품을 더 쉽게 이용할 수 있도록 도와줄 방법

재미있는 사실

- 창업을 할 때 좋은 기운을 받고 싶다면 차고에서 시작하세요. 애플 Apple, 아마존, 구글 Google, 디즈니는 모두 차고에서 시작됐습니다.
- 세계 최다 발명왕은 1만 1,000개 이상의 특허를 보유한 일본의 야마자키 슌페이 山崎舜平 입니다.

핵심 정리

- 사업은 아이디어를 실현하는 과정입니다.
- 사업가는 큰돈을 벌고 큰 만족감을 느낄 수 있지만, 사업으로 인해 경제적 손실을 입고 위신이 떨어질 수도 있습니다.

- 아이디어를 도출하려면 아직 세상에 존재하지 않거나 개선의 여지가 있는 상품 또는 서비스가 떠오를 때마다 메모하세요.

다른 사업은 둘째치고 일단 청춘사업부터 좀 잘하고 싶다!

– 냅킨 파이낸스

스타트업을 시작하는 법

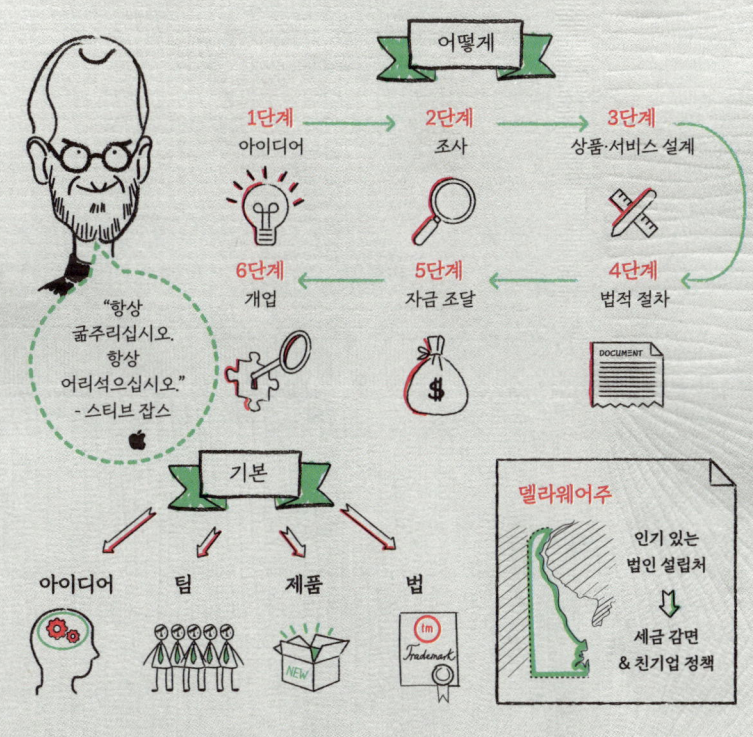

02
스타트업을 시작하는 법

How to Start a Start-Up

수많은 스타트업이 망하는 와중에도 성공하는 스타트업은 또 엄청난 성공을 거둡니다. 스타트업을 설립하면 단순히 큰돈을 벌 기회만 생기는 게 아니라 뭔가 의미 있는 것을 만들고, 현 상태를 뒤엎고, 좀더 나아간다면 무려 세상을 바꿀 기회가 생깁니다.

스타트업을 시작하려면?

스타트업이 저마다 다르다고 해도 꼭 필요한 게 네 가지 있습니다.

- 아이디어: 업계에 일대 변화를 일으키고 싶은가? 더 나은 상품이나 서비스를 만들고 싶은가? 사람들이 스스로 인지하지 못하는 욕구를

충족시키고 싶은가? 이 모든 일이 아이디어에서 출발한다.
- 팀: 나의 약점을 보완하는 강점을 가진 사람들을 모으자. 기본적으로 운영, 기술, 창조를 담당할 사람들이 필요하다.
- 제품: 시제품이나 시범 서비스를 만들자. 하다못해 초기 제품을 어떻게 개발하겠다는 현실적인 계획이라도 있어야 한다.
- 법: 회사의 형태와 이름을 정하는 등 법적으로 필요한 것을 처리하자.

스타트업 절차

스타트업 시작 절차는 대략 다음과 같습니다.

- 1단계: 아이디어를 낸다.
- 2단계: 시장을 조사한다. 경쟁자는 누구이고 고객은 누구인가? 내 상품이나 서비스에 대한 수요는 어느 정도로 예상되는가?
- 3단계: 계획을 세운다. 상품이나 서비스를 설계한다.
- 4단계: 법적으로 필요한 것을 알아본다. 회사의 형태와 이름을 정한다. 필요한 면허나 허가를 취득한다.
- 5단계: 자금을 조달한다. 지분을 팔 것인가, 대출을 받을 것인가?
- 6단계: 세상에 알린다. 회사에 대한 뜨거운 관심을 불러일으킨다.
- 7단계: 드디어, 회사의 문을 연다.

스타트업의 종류

아무리 아이디어가 참신하다고 해도 사업 모델의 종류는 한정되어 있습니다. 어느 쪽이 좋을지 생각해보세요.

- 광고 판매: 무료 웹사이트나 앱으로 사람들을 끌어모아서 광고로 돈을 번다.
- 상품을 거래할 플랫폼 조성: 이베이eBay와 엣시Etsy가 대표적이다.
- 소비자 대상 상품이나 서비스 판매: 피젯 스피너fideget spinner를 잇는 히트 상품은 무엇일까?
- 사업체 대상 상품이나 서비스 판매: 특정한 업계의 욕구를 해결한다.
- P2P: 에어비앤비Airbnb와 승차 공유 서비스가 좋은 예다.
- 지적재산 판매: 돈을 받고 사용권을 제공한다.

재미있는 사실

- 세계에서 '유니콘' 기업(기업 가치가 10억 달러 이상인 스타트업)이 가장 많은 지역은 실리콘밸리가 있는 캘리포니아주입니다.
- 본사는 다른 지역에 둬도 법인은 델라웨어주에 설립하는 기업이 많습니다. 델라웨어주는 회사법이 잘 갖춰져 있고, 그 주에서 영업하지 않는 기업에는 법인세를 부과하지 않기 때문입니다.

핵심 정리
- 스타트업을 세우는 것은 대박을 칠 기회가 됩니다.
- 회사를 설립하려면 아이디어, 팀, 상품이 필요하고 법적인 절차를 밟아야 합니다.
- 아이디어를 내는 게 어려울 것 같지만 기존의 사업 모델을 참고하는 방법도 있습니다.

> 스타트업을 설립하면 아기 때로 돌아간 기분이 들 것이다. 두 시간마다 깨서 엉엉 울게 될 테니까.   – 냅킨 파이낸스

사업계획서

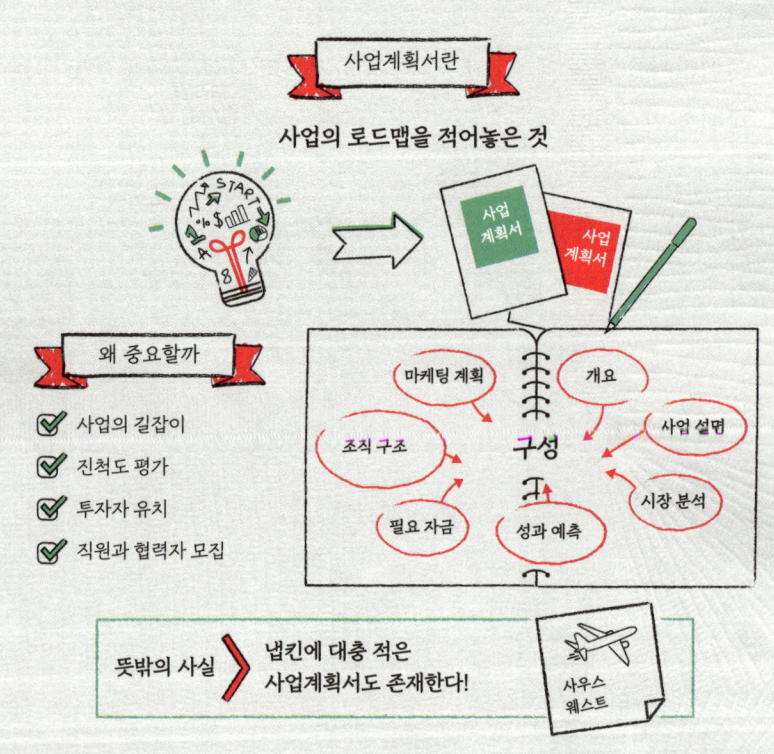

03 사업계획서

Business Plan

사업계획서는 사업에 대한 비전을 정리한 문서입니다. 회사에 대한 큰 그림을 그리고, 그것을 실현하기 위한 과정을 일목요연하게 기술합니다.

사업계획서가 중요한 이유
사업계획서는 이런 목적으로 사용됩니다.

- 사업의 길잡이: 확실한 계획이 있으면 사업을 키우기 위해 해야 할 일을 차례대로 정확하게 수행할 수 있다.
- 진척도 평가: 사업의 발전 단계를 미리 정해놓으면 각 단계를 통과할 때마다 그만큼 사업이 성장했음을 알 수 있다.

- 투자자 유치: 투자자들은 사업가가 현실적인 계획을 갖고 있는지 알고 싶어 한다. 그리고 예상되는 매출과 이익을 묻는 것처럼 구체적이고 날카로운 질문을 던지기도 한다.
- 직원과 협력자 모집: 현실적인 비전이 있으면 우수한 직원, 고객, 협력자를 끌어들일 수 있다.

"우리 계획의 핵심은 이것이다. '일단 실행하라.'"
– 허브 켈러허 Herb Kelleher, 사우스웨스트항공 Southwest Airline 공동설립자

사업계획서 작성법

사업계획서는 단순하게 쓸 수도 있고 상세하게 쓸 수도 있습니다. 냅킨에 쓴 사업계획서가 있는가 하면 책 한 권은 나올 만큼 긴 사업계획서도 있습니다.

사업계획서에는 다음과 같은 항목이 들어갑니다.

- 개요: 전체 계획의 요약본
- 사업 설명: 회사의 사업 모델은 무엇이고 지금까지 무엇을 성취했는가?
- 시장 분석: 고객은 누구이고 경쟁자는 누구인가?

- 조직 구조: 법인의 형태는 무엇인가? 회사의 수뇌부는 누구인가?
- 마케팅 계획: 회사를 알리고 고객을 찾기 위한 계획은 무엇인가?
- 필요 자금: 사업이 궤도에 오르려면 돈이 얼마나 필요한가?
- 성과 예측: 초반의 매출과 이익은 얼마로 예상되는가?

> "그냥 바라기만 하는 것이나 계획을 세우는 것이나 어차피 들어가는 에너지는 똑같다." – 엘리너 루스벨트 Eleanor Roosevelt, 미국의 전 영부인

재미있는 사실

- 사우스웨스트항공, 〈샤크 위크 Shark Week〉(디스커버리채널에서 매년 1주일씩 방영하는 상어 다큐멘터리 시리즈 - 옮긴이), 낙수 이론 trickle-down economics, 픽사 애니메이션 최소 네 편 등이 냅킨에 쓴 아이디어에서 출발했다고 합니다.
- 실리콘밸리의 사업가들은 투자자들에게 사업을 홍보할 때 수치와 사실을 과장하는 경향이 있다고 알려져 있습니다. 한 실리콘밸리 인사는 이렇게 말했습니다. "실리콘밸리에서 정직한 사람이 된다는 건 스테로이드를 맞지 않고 올림픽에 나가는 것과 같다."

핵심 정리
- 사업계획서는 회사의 로드맵입니다.
- 사업계획서는 사업가 자신만이 아니라 투자자, 직원, 협력자를 위해서도 필요합니다.
- 간단히 비전만 적어놓은 사업계획서가 있는가 하면 사소한 내용까지 자세히 기록한 사업계획서도 있습니다.

사업계획서가 회사의 로드맵이라면 결혼계약서는 이혼의 로드맵이다.

– 냅킨 파이낸스

스타트업 자금 조달

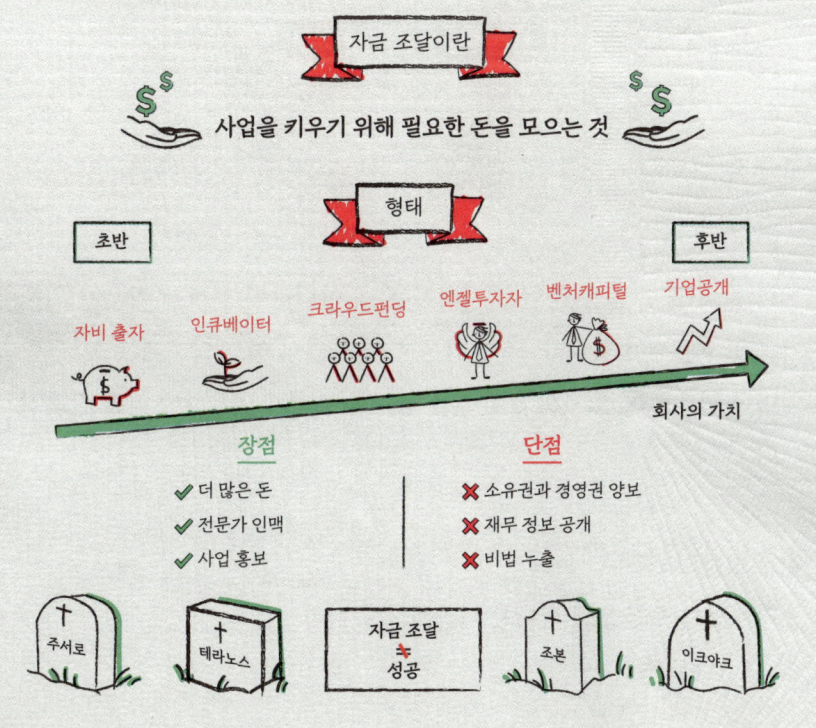

04
스타트업 자금 조달

Financing a Start-Up

돈이 많이 들지 않는 사업을 시작하는 게 아니라면 회사를 키우기 위해 자금을 조달해야 합니다. 그 방법은 현재 사업이 어느 단계에 있고, 돈이 얼마나 필요하며, 회사의 소유권을 양보할 용의가 있느냐에 따라 달라집니다.

자금 조달의 형태
스타트업의 자금 조달 형태는 다음과 같습니다.

출처	단계	설명
자비	극초반	자신의 예금, 투자금, 담보대출, 신용카드 등으로 직접 자금을 확보한다.
가족과 친구	극초반	아이디어의 가능성을 믿는 사람들에게 돈을 빌린다.
인큐베이터 프로그램	극초반	창업 지원 프로그램을 통해 아이디어를 실현하기 위해 필요한 자원을 제공받고 멘토를 만난다.
크라우드펀딩	초반	크라우드펀딩 사이트에 사업계획을 올리고 펀딩을 받는다.
대출기관	초반	은행이나 신용협동조합에 중소기업대출을 신청한다.
엔젤투자자	초반	회사의 지분을 받고 큰돈을 내줄 개인 투자자를 찾는다.
액셀러레이터 프로그램	중반	사업이 어느 정도 궤도에 오르면 단기 지원 프로그램을 통해 성장에 박차를 가한다.
벤처캐피털	중반	스타트업 전문 투자기관에 지분을 판다.
기업공개	후반	회사를 증권거래소에 상장하고 불특정 다수의 투자자에게 돈을 받는다
채권 발행	후반	회사가 자리를 잡으면 10~30년 만기 채권을 발행하고 정해진 이자를 지급한다.

외부 투자 유치 시 장단점

회사가 계속 성장하려면 외부의 자금이 필요할 수 있습니다. 이때 얻는 게 있으면 잃는 것도 있기 마련입니다.

장점	단점
- 훨씬 많은 돈을 유치할 수 있다. - 멘토와 전문가를 만날 수 있다. - 사업 모델을 널리 알릴 수 있다.	- 소유권과 경영권을 어느 정도 양보해야 한다. - 회사의 재무 상황을 공개해야 한다. - 사업의 비법이 누출된다.

재미있는 사실

- 소유권을 유지하는 게 돈이 될 수 있습니다. 천연 데오도런트 스타트업인 네이티브데오도런트Native Deodorant는 설립된 지 2년 반 만에 P&G에 1억 달러에 인수됐습니다. 당시 이 회사의 설립자는 90% 이상의 지분을 보유하고 있었습니다.
- 주서보Juicero는 팩에 담긴 과일즙을 컵에 짜주는 착즙기를 400달러에 판매하는 스타트업이었습니다. 과즙계의 네스프레소였달까요. 이 회사는 1억 2,000만 달러를 투자받았지만 이후 굳이 착즙기를 쓰지 않고 손으로 팩을 짜도 된다는 걸 사람들이 알게 되면서 망하고 말았습니다.

핵심 정리

- 대부분의 스타트업은 본궤도에 오르기 위해 돈이 필요합니다.

- 사업 자금은 자비 출자, 전문 투자자 유치, 은행 대출 등 다양한 방법으로 조달할 수 있습니다
- 외부 투자자를 유치하면 더 많은 돈을 조달하고 전문가의 도움을 받을 수 있는 대신 소유권과 경영권을 어느 정도 양보해야 합니다.

> 스타트업이 자금을 조달하는 게 아무리 어렵다고 한들 평행주차만큼 어려울까.
> – 냅킨 파이낸스

11장 퀴즈

01 창업이란?

a. 앱을 만드는 것

b. 식당을 여는 것

c. 온라인으로 공예품을 파는 것

d. a~c 모두

02 다음 중 창업의 장점이 아닌 것은?

a. 이익이 고스란히 내 주머니로 들어오고 대박을 노릴 수 있다.

b. 성공이 보장된다.

c. 꿈을 실현할 수 있다.

d. 남 밑에서 일하지 않아도 된다.

03 사업에 실패했다면 절대로 다시 시도해선 안 된다.

a. 그렇다.

b. 아니다.

04 스타트업이 본궤도에 오르려면 필요한 것은?

a. 아이디어, 팀, 상품

b. 시제품, 유통망, 제조공장

c. 기막힌 말발과 거액의 유산

d. 마크 저커버그의 머리카락, 일론 머스크의 눈물, 주술용 인형

05 기존의 상품과 서비스에서 사업 아이디어를 얻는 것은 불법이다.

a. 그렇다.

b. 아니다.

06 스타트업을 시작할 때 꼭 필요한 것은?

a. 무료 뷔페를 연다.

b. 주식을 어느 증권거래소에 상장할지 정한다.

c. 시장을 조사하고 자금을 조달한다.

d. 철인3종경기를 완주한다.

07 다음 중 사업계획서가 중요한 이유가 아닌 것은?

a. 설립자와 투자자 사이의 계약서로서 법적 효력이 있기 때문에

b. 투자자를 설득하는 데 도움이 되기 때문에

c. 아이디어를 정리하는 데 도움이 되기 때문에

d. 추후에 사업의 진척도를 평가하는 기준이 되기 때문에

08 사업계획서의 필수 조건은?

a. 입에 착착 붙는 라임이 돋보여야 한다.

b. 사업에 대한 큰 그림이 담겨야 한다.

c. 중소벤처기업부의 승인을 받아야 한다.

d. 진지한 느낌을 주도록 궁서체로 작성해야 한다.

09 냅킨에 사업계획서를 작성할 수도 있다.

a. 그렇다.

b. 아니다.

10 다음 중 스타트업의 자금 조달법이 아닌 것은?

a. 자비 출자

b. 엔젤투자자 유치

c. 주식 추가 발행

d. 인큐베이터 프로그램 등록

11 스타트업이 외부 투자를 받을 때 장점은?

a. 더 많은 돈을 유치하고 사업에 도움을 줄 멘토를 만날 수 있다.

b. 회사를 더 자주적으로 운영할 수 있다.

c. 투자받은 돈을 급할 때 개인적인 용도로 사용할 수 있다.

d. 부모님 집에 얹혀살던 생활을 청산할 수 있다.

12 스타트업이 외부 투자를 받을 때 단점은?

a. 회사가 망하면 지분을 가진 투자자들에게 돈을 돌려줘야 할 의무가 생긴다.

b. 회사의 소유권과 경영권을 어느 정도 양보해야 한다.

c. 사업에 실패하면 손가락 하나는 내놓아야 한다.

d. 아직 적자를 면치 못했음에도 번듯한 사업가처럼 보이기 위해 테슬라를 끌고 다녀야 하는 이유를 투자자들에게 설명해야 한다.

13 기업공개는 회사가 어느 정도 자리를 잡은 후에야 가능한 자금 조달법이다.

a. 그렇다.

b. 아니다.

정답

1. d	2. b	3. b	4. a
5. b	6. c	7. a	8. b
9. a	10. c	11. a	12. b
13. a			

에필로그

냅킨의 마지막 장까지
탈탈 뽑아 쓴 당신에게

이 책을 끝까지 읽고 (적어도 지식만큼은!) 부자가 되신 것을 축하합니다!

기왕이면 새롭게 배운 내용을 현실에서 자신 있게 적용해보면 좋겠습니다. 신용점수가 몇 점이고 퇴직연금 잔고가 얼마인지 확인해보고, 비상금 통장을 만드는 것처럼요.

이 책을 읽고 부자가 되는 길에 오르는 사람이 있는가 하면 어쩌다 보니 다시 부모님 집으로 들어가야 하는 처지가 되는 사람도 있을 겁니다. 그래도 괜찮습니다. 이제 재테크에 대한 결정을 더 현명하게 할 수 있는 지식을 갖췄으니까요. 자, 모두들 화이팅!

> 돈으로 행복을 살 수는 없다지만, 버스에서 우는 것보다는 벤틀리에서 우는 게 낫다.
> — 냅킨 파이낸스

참고문헌

1장

1. Anderson, Joel. "Survey Finds Most Common Reasons Americans Use Emergency Funds." GO Banking Rates, May 24, 2018. https://www.gobankingrates.com/saving-money/budgeting/how-americans-use-emergency-fund.

2. Armstrong, Martin A. "Part I of IV—A Brief History of World Credit & Interest Rates." Armstrong Economics. Accessed March 2, 2019. https://www.armstrongeconomics.com/research/a-brief-history-of-world-credit-interest-rates/3000-b-c-500-a-d-the-ancient-economy.

3. BankRate. "Credit Card Minimum Payment Calculator." Accessed March 2, 2019. https://www.bankrate.com/calculators/credit-cards/credit-card-minimum-payment.aspx.

4. Bawden-Davis, Julie. "10 Powerful Quotes from Warren Buffett That'll Change Your Perception About Money and Success." SuperMoney. Last updated June 2, 2017. https://www.supermoney.com/2014/04/10-powerful-personal-finance-quotes-from-warren-buffett.

5. Bella, Rick. "Clackamas Bank Robber Demands $1, Waits for Police to Take Him to Jail." Oregon Live. Updated January 2019. Posted in 2014. https://www.oregonlive.com/clackamascounty/2013/08/clackamas_bank_robber_demands.html.

6. Board of Governors of the Federal Reserve System. "Consumer Credit-G.19." February 7, 2019. https://www.federalreserve.gov/releases/g19/current/#fn3a.

7. Board of Governors of the Federal Reserve System. "Report on the Economic Well-Being of U.S. Households in 2017." Published May 2018. https://www.federalreserve.gov/publications/files/2017-report-economic-well-being-us-households-201805.pdf.

8. Bureau of Labor Statistics. "Consumer Expenditure Surveys." Last modified September 11, 2018. https://www.bls.gov/cex/tables.htm#annual.

9. El Issa, Erin. "How to Combat Emotional Spending." U.S. News & World Report, February 28, 2017. https://money.usnews.com/money/blogs/my-money/articles/2017-02-28/how-to-combat-emotional-overspending.

10. Forbes. "Thoughts On the Business of Life." Accessed on March 2, 2019. https://www.forbes.com/quotes/1274.

11. Freedman, Anne. "Top Five Uninsurable Risks." Risk & Insurance, September 2, 2014. https://riskandinsurance.com/top-five-uninsurable-risks.

12. Huddleston, Cameron. "58% of Americans Have Less Than $1,000 in Savings." GO Banking Rates, December 21, 2018. https://www.gobankingrates.com/saving-money/savings-advice/average-american-savings-account-balance.

13. Bo Cowgill and Catherine E. Tucker, "Algorithmic Fairness and Economics," (2020).

14. Jellett, Deborah. "The 10 Strangest Things Ever Insured." The Richest, May 10, 2014. https://www.therichest.com/rich-list/the-most-shocking-and-bizarre-things-ever-insured-2.

15. J z gou, Fr d rick. "If You Think Nobody Cares If You're Alive, Try Missing a Couple of Care Payments." Dictionary of Quotes, November 23, 2008. https://www.dictionary-

quotes.com/if-you-think-nobody-cares-if-you-re-alive-try-missing-a-couple-of-car-payments-flip-wilson.

16. Marks, Gene. "This Bank Will Take Cheese as Collateral." Washington Post, April 17, 2017. https://www.washingtonpost.com/news/on-small-business/wp/2017/04/17/this-bank-will-take-cheese-as-collateral/?noredirect=on&utm_term=.928e4f2fdff7.

17. Merriman, Paul A. "The Genius of Warren Buffett in 23 Quotes." MarketWatch, August 19, 2015. https://www.marketwatch.com/story/the-genius-of-warren-buffett-in-23-quotes-2015-08-19.

18. Mortgage Professor. "What Is Predatory Lending?" Last updated July 18, 2007. https://mtgprofessor.com/A%20-%20Predatory%20Lending/what_is_predatory_lending.htm.

19. Peterson, Bailey. "Credit Card Spending Studies (2018 Report): Why You Spend More When You Pay With a Credit Card." ValuePenguin. Accessed on March 2, 2019. https://www.valuepenguin.com/credit-cards/credit-card-spending-studies.

20. Pierce, Tony. "$1 Bank Robbery Doesn't Pay Off for Man Who Said He Was Desperate for Healthcare." Los Angeles Times, June 21, 2011. https://latimesblogs.latimes.com/washington/2011/06/1-bank-robbery-doesnt-pay-off-for-healthcare-hopeful.html.

21. Randow, Jana and Kennedy, Simon. "Negative Interest Rates." Bloomberg, March 21, 2017. https://www.bloomberg.com/quicktake/negative-interest-rates.

22. Tsosie, Claire and El Issa, Erin. "2018 American Household Credit Card Debt Study." NerdWallet. December 10, 2018. https://www.nerdwallet.com/blog/average-credit-card-debt-household.

23. Tuttle, Brad. "Cheapskate Wisdom from…Benjamin Franklin." Time, September 23, 2009. http://business.time.com/2009/09/23/cheapskate-wisdom-from-benjamin-franklin-2.

2장

1. Carrns, Ann. "New Type of Credit Score Aims to Widen Pool of Borrowers." New York Times, October 26, 2018. https://www.nytimes.com/2018/10/26/your-money/new-credit-score-fico.html.

2. Carrns, Ann. "New Type of Credit Score Aims to Widen Pool of Borrowers." New York Times, October 26, 2018. https://www.nytimes.com/2018/10/26/your-money/new-credit-score-fico.html.

3. Credit Karma. "How Many Credit Scores Do I Have?" May 14, 2016. https://www.creditkarma.com/advice/i/how-many-credit-scores-do-i-have.

4. CreditScoreDating.com. "CreditScoreDating.com: Where Good Credit is Sexy." Accessed on March 2, 2019. www.creditscoredating.com.

5. Dictionary.com. "Credit." Accessed on March 2, 2019. https://www.dictionary.com/browse/credit.

6. Eveleth, Rose. "Forty Years Ago, Women Had a Hard Time Getting Credit Cards." Smithsonian.com, January 8, 2014. https://www.smithsonianmag.com/smart-news/forty-years-ago-women-had-a-hard-time-getting-credit-cards-180949289.

7. Fair Isaac Corporation. "5 Factors that Determine a FICO Score." September 23, 2016. https://blog.myfico.com/5-factors-determine-fico-score.

8. Fair Isaac Corporation. "Average U.S. Fico Score Hits New High." September 24, 2018. https://www.fico.com/blogs/risk-compliance/average-u-s-fico-score-hits-new-high.

9. Garfinkel, Simpson. "Separating Equifax from Fiction." Wired, September 1, 1995. https://www.wired.com/1995/09/equifax.

10. Gonzalez-Garcia, Jamie. "Credit Card Ownership Statistics." CreditCards.com. Updated

on April 26, 2018. https://www.creditcards.com/credit-card-news/ownership-statistics.php.

11. Guy-Birken, Emily. "8 Fun Facts About Credit Cards." WiseBread. May 24, 2018. https://www.wisebread.com/8-fun-facts-about-credit-cards.

12. Herron, Janna. "How FICO Became 'The' Credit Score." BankRate, December 12, 2013. https://finance.yahoo.com/news/fico-became-credit-score-100000037.html.

13. Rotter, Kimberly. "A History of the Three Credit Bureaus." CreditRepair.com. Accessed on March 2, 2019. https://www.creditrepair.com/blog/credit-score/credit-bureau-history.

14. United States Census Bureau. "U.S. and World Population Clock." Accessed on March 3, 2019. https://www.census.gov/popclock.

3장

1. Ajayi, Akin. "The Rise of the Robo-Advisors." Credit Suisse, July 15, 2015. https://www.credit-suisse.com/corporate/en/articles/news-and-expertise/the-rise-of-the-robo-advisers-201507.html.

2. Allocca, Sean. "Goldman Sachs Comes to Main Street with 'Broader' Wealth Offering." Financial Planning, October 22, 2018. https://www.financial-planning.com/news/goldman-sachs-marcus-robo-advisor-merge-wealth-management.

3. American Oil & Gas Historical Society. "Cities Service Company." Accessed March 2, 2019. https://aoghs.org/stocks/cities-service-company.

4. Anderson, Nathan. "15 Weird Hedge Fund Strategies That Investors Should Know About." ClaritySpring. August 24, 2015. http://www.clarityspring.com/15-weird-hedge-fund-strategies.

5. Bakke, David. "The Top 17 Investing Quotes of All Time." Investopedia. Updated November 30, 2016. https://www.investopedia.com/financial-edge/0511/the-top-17-investing-quotes-of-all-time.aspx.

6. Collinson, Patrick. "The Truth About Investing: Women Do It Better than Men." Guardian, November 24, 2018. https://www.theguardian.com/money/2018/nov/24/the-truth-about-investing-women-do-it-better-than-men.

7. Damodaran, Aswath. "Annual Returns on Stock, T. Bonds and T. Bills: 1928-Current." NYU Stern School of Business. Updated January 5, 2019. http://pages.stern.nyu.edu/~adamodar/New_Home_Page/datafile/histretSP.html.

8. Deloitte. "The Expansion of Robo-Advisory in Wealth Management." August 2016. https://www2.deloitte.com/content/dam/Deloitte/de/Documents/financial-services/Deloitte-Robosafe.pdf.

9. De Sousa, Agnieszka and Kumar, Nishant. "Citadel Hires Cumulus Energy Traders; Hedge Fund Shuts." Bloomberg, April 27, 2018. https://www.bloomberg.com/news/articles/2018-04-27/citadel-hires-cumulus-founder-and-fund-s-traders-in-energy-push.

10. Elkins, Kathleen. "Warren Buffett Is 88 Today—Here's What He Learned from Buying His First Stock at Age 11." CNBC, August 30, 2018. https://www.cnbc.com/2018/08/30/when-warren-buffett-bought-his-first-stock-and-what-he-learned.html.

11. Eule, Alex. "As Robo-Advisors Cross $200 Billion in Assets, Schwab Leads in Performance." Barron's, February 3, 2018. https://www.barrons.com/articles/as-robo-advisors-cross-200-billion-in-assets-schwab-leads-in-performance-1517509393.

12. Fidelity Investments. "Who's the Better Investor: Men or Women?" May 18, 2017. https://www.fidelity.com/about-fidelity/individual-investing/better-investor-men-or-women.

13. Hamilton, Walter. "Madoff's Returns Aroused Doubts." Los Angeles Times, December 13,

2008. http://articles.latimes.com/2008/dec/13/business/fi-madoff13.

14. Hiller, David, Draper, Paul, and Robert Faff. "Do Precious Metals Shine? An Investment Perspective." CFA Institute. March/April, 2006. https://www.cfapubs.org/doi/pdf/10.2469/faj.v62.n2.4085.

15. Loomis, Carol J. "The Inside Story of Warren Buffett." Fortune, April 11, 1988. http://fortune.com/1988/04/11/warren-buffett-inside-story.

16. Merriman, Paul A. "The Genius of John Bogle in 9 Quotes." MarketWatch, November 25, 2016. https://www.marketwatch.com/story/the-genius-of-john-bogle-in-9-quotes-2016-11-23.

17. Ross, Sean. "Has Real Estate or the Stock Market Performed Better Historically?" Investopedia. Updated February 5, 2019. https://www.investopedia.com/ask/answers/052015/which-has-performed-better-historically-stock-market-or-real-estate.asp.

18. Shoot, Brittany. "Banksy 'Girl with Balloon' Painting Worth Double After Self-Destructing at Auction." Fortune, October 8, 2018. http://fortune.com/2018/10/08/banksy-girl-with-balloon-self-destructed-video-art-worth-double.

19. Siegel, Rene Shimada. "What I Would—and Did—Say to New Grads." Inc., June 19, 2013. https://www.inc.com/rene-siegel/what-i-would-and-did-say-to-new-grads.html.

20. Udland, Myles. "Buffett: Volatility Is Not the Same Thing as Risk, and Investors Who Think It Is Will Cost Themselves Money." Business Insider, April 6, 2015. https://www.businessinsider.com/warren-buffett-on-risk-and-volatility-2015-4.

21. Walsgard, Jonas Cho. "Betting on Death Is Turning Out Better Than Expected for Hedge Fund." Bloomberg, February 11, 2019. https://www.bloomberg.com/news/articles/2019-02-11/betting-on-death-is-turning-better-than-expected-for-hedge-fund.

4장

1. Amadeo, Kimberly. "Wall Street: How It Works, Its History, and Its Crashes." The Balance. Updated January 21, 2019. https://www.thebalance.com/wall-street-how-it-works-history-and-crashes-3306252.

2. Bowden, Ebony. "History's Biggest 'Fat-Finger' Trading Errors." The New Daily, October 2, 2014. https://thenewdaily.com.au/money/finance-news/2014/10/02/historys-biggest-fat-finger-trading-errors.

3. Chen, James. "Bowie Bond." Investopedia, Updated March 7, 2018. https://www.investopedia.com/terms/b/bowie-bond.asp.

4. Clark, Andrew. "The Man Who Blew the Whistle on Bernard Madoff." Guardian, March 24, 2010. https://www.theguardian.com/business/2010/mar/24/bernard-madoff-whistleblower-harry-markopolos.

5. Cohn, Laura. "Boost Your IQ with a Good Book." Kiplinger's Personal Finance, November 2009.

6. Crestmont Research. "Returns over 20-Year Periods Vary Significantly; Affected by the Starting P/E Ratio." Accessed on March 2, 2019. https://www.crestmontresearch.com/docs/Stock-20-Yr-Returns.pdf.

7. Dow Jones Industrial Average All-Time Largest One Day Gains and Losses." Wall Street Journal. Accessed on March 2, 2019. http://www.wsj.com/mdc/public/page/2_3024-djia_alltime.html.

8. Encyclopdia Britannica. "Wall Street." Accessed on March 2, 2019. https://www.britannica.com/topic/Wall-Street-New-York-City.

9. Epstein, Gene. "Prepare for Lower Stock Returns." Barron's. Updated January 23, 2018. https://www.barrons.com/articles/prepare-for-lower-stock-returns-1516666766.

10. Faulkenberry, Ken. "Value Investing Quotes, Sayings, & Proverbs: Wisest Men Compilation." Arbor Investment Planner. Accessed on March 2, 2019. http://www.arborinvestmentplanner.com/wisest-value-investing-quotes-sayings-money-proverbs.

11. First Trust Portfolios L.P. "History of U.S. Bear & Bull Markets Since 1926." Accessed on March 2, 2019. https://www.ftportfolios.com/Common/ContentFileLoader.aspx?ContentGUID=4ecfa978-d0bb-4924-92c8-628ff9bfe12d.

12. Investment Company Institute. "ETF Assets and Net Issuance January 2019." February 27, 2019. https://www.ici.org/research/stats/etf/etfs_01_19.

13. Kirchheimer, Sid. "10 Fun Facts About Money." AARP. Accessed on March 2, 2019. https://www.aarp.org/money/investing/info-03-2012/money-facts.html.

14. Landis, David. "ETFs That Miss the Mark." Kiplinger, July 31, 2007. https://www.kiplinger.com/article/investing/T022-C000-S002-etfs-that-miss-the-mark.html.

15. Mahmudova, Anora. "Investors Can Bet on Whether People Will Get Fit, Fat, or Old with These ETFs." MarketWatch, June 18, 2016. https://www.marketwatch.com/story/new-obesity-and-fitness-etfs-follow-demographic-trends-2016-06-09.

16. MFS. "Over 90 and Still Active." Accessed on March 2, 2019. https://www.mfs.com/who-we-are/our-history.html.

17. Phung, Albert. "Why Do Companies Issue 100-Year Bonds?" Investopedia. Updated July 2, 2018. https://www.investopedia.com/ask/answers/06/100yearbond.asp.

18. "The World's Largest Hedge Fund Is a Fraud." Securities Exchange Commission, submission on November 7, 2005. https://www.sec.gov/news/studies/2009/oig-509/exhibit-0293.pdf.

19. Waxman, Olivia B. "How a Financial Panic Helped Launch the New York Stock Exchange." Time, May 17, 2017. http://time.com/4777959/buttonwood-agreement-

stock-exchange.

20. World Gold Council. "FAQs." Accessed on March 2, 2019. http://www.spdrgoldshares.com/usa/faqs.

21. World Gold Council. "Gold Bar List and Inspectorate Certificates." Accessed on March 2, 2019. http://www.spdrgoldshares.com/usa/gold-bar-list.

22. Yahoo! Finance. "Amazon.com, Inc. (AMZN)." Accessed on March 1, 2019. https://finance.yahoo.com/quote/AMZN/key-statistics?p=AMZN.

5장

1. "The Big Mac Index." The Economist, January 10, 2019. https://www.economist.com/news/2019/01/10/the-big-mac-index.

2. Corcoran, Kieran. "California's Economy Is Now the 5th-Biggest in the World, and Has Overtaken the United Kingdom." Business Insider, May 5, 2018. https://www.businessinsider.com/california-economy-ranks-5th-in-the-world-beating-the-uk-2018-5.

3. Davis, Marc. "How September 11 Affected the U.S. Stock Market." Investopedia. September 11, 2017. https://www.investopedia.com/financial-edge/0911/how-september-11-affected-the-u.s.-stock-market.aspx.

4. Kaifosh, Fred. "Why the Consumer Price Index Is Controversial." Investopedia. Updated October 12, 2018. https://www.investopedia.com/articles/07/consumerpriceindex.asp.

5. Lazette, Michelle Park. "The Crisis, the Fallout, the Challenge: The Great Recession in Retrospect." Federal Reserve Bank of Cleveland, December 18, 2017. https://www.clevelandfed.org/newsroom-and-events/multimedia-storytelling/recession-retrospective.aspx.

6. National Association of Theatre Owners. "Annual Average U.S. Ticket Price." Accessed on March 2, 2019. http://www.natoonline.org/data/ticket-price. National Bureau of Economic Research. "US Business Cycle Expansions and Contractions." Accessed on March 2, 2019. https://www.nber.org/cycles.html.

7. Taylor, Andrea Browne. "How Much Did Things Cost in the 1980s?" Kiplinger, April 25, 2018. https://www.kiplinger.com/slideshow/spending/T050-S001-how-much-did-things-cost-in-the-1980s/index.html.

8. Wheelock, David C. "The Great Depression: An Overview." The Federal Reserve Bank of St. Louis. Accessed on March 2, 2019. https://www.stlouisfed.org/~/media/files/pdfs/great-depression/the-great-depression-wheelock-overview.pdf.

9. Wolla, Scott A. "What's in Your Market Basket? Why Your Inflation Rate Might Differ from the Average." Federal Reserve Bank of St. Louis. October, 2015. https://research.stlouisfed.org/publications/page1-econ/2015/10/01/whats-in-your-market-basket-why-your-inflation-rate-might-differ-from-the-average.

10. The World Bank. "Gross Domestic Product." January 25, 2019. https://databank.worldbank.org/data/download/GDP.pdf.

6장

1. Freifeld, Karen. "Kozlowski's $6,000 Shower Curtain to Find New Home." Reuters, June 14, 2012. https://www.reuters.com/article/us-tyco-curtain-idUSBRE85D1M620120614.

2. Kenton, Will. "What Is Worldcom?" Investopedia. Updated February 7, 2019. https://www.investopedia.com/terms/w/worldcom.asp.

3. Krugman, Paul. "Sam, Janet, and Fiscal Policy." New York Times, October 25, 2017. https://krugman.blogs.nytimes.com/2010/10/25/sam-janet-and-fiscal-policy.

4. Sage, Alexandria and Rai, Sonam. "Tesla CFO Leaves as Automaker Promises Profits and Cheaper Cars." Reuters, January 30, 2019. http://fortune.com/2017/02/27/oscars-2017-pricewaterhousecoopers-la-la-land.

5. Shen, Lucinda. "Why PwC Was Involved in the 2017 Oscars Best Picture Mix-Up." Fortune, February 27, 2017. http://fortune.com/2017/02/27/oscars-2017-pricewaterhousecoopers-la-la-land.

6. The Phrase Finder. "The Meaning and Origin of the Expression: Cooking the Books." Accessed on March 2, 2019. https://www.phrases.org.uk/meanings/cook-the-books.html.

7. Thomas, C. William. "The Rise and Fall of Enron." Journal of Accountancy, April 1, 2002. https://www.journalofaccountancy.com/issues/2002/apr/theriseandfallofenron.html.

8. Yahoo! Finance. "Tesla, Inc. (TSLA)." Accessed on March 1, 2019. https://finance.yahoo.com/quote/TSLA/key-statistics?p=TSLA&.tsrc=fin-tre-srch.

7장

1. "7 Major Companies That Accept Cryptocurrency." Due.com, January 31, 2018. https://www.nasdaq.com/article/7-major-companies-that-accept-cryptocurrency-cm913745.

2. Blinder, Marc. "Making Cryptocurrency More Environmentally Sustainable." Harvard Business Review, November 27, 2018. https://hbr.org/2018/11/making-cryptocurrency-more-environmentally-sustainable.

3. Browne, Ryan. "Burger King Has Launched Its Own Cryptocurrency in Russia Called 'WhopperCoin.'" CNBC, August 28, 2017. https://www.cnbc.com/2017/08/28/burger-king-russia-cryptocurrency-whoppercoin.html.

4. Burchardi, Kaj and Harle, Nicolas. "The Blockchain Will Disrupt the Music Business

and Beyond." Wired, January 20, 2018. https://www.wired.co.uk/article/blockchain-disrupting-music-mycelia.

5. CoinMarketCap. "All Cryptocurrencies." Accessed on March 2, 2019. https://coinmarketcap.com/all/views/all.

6. Crane, Joy. "How Bitcoin Got Here: A (Mostly) Complete Timeline of Bitcoin's Highs and Lows" New York, December 28, 2017. http://nymag.com/intelligencer/2017/12/bitcoin-timeline-bitcoins-record-highs-lows-and-history.html.

7. Cummins, Eleanor. "Cryptocurrency Millionaires Are Pushing Up Prices on Some Art and Collectibles." Popular Science, March 6, 2018. https://www.popsci.com/crypto-bitcoin-millionaires-collectibles.

8. Cuthbertson, Anthony. "Man Accidentally Threw Bitcoin Worth $108 Million in the Trash, Says There's 'No Point Crying About It.'" Newsweek, November 30, 2017. https://www.newsweek.com/man-accidentally-threw-bitcoin-worth-108m-trash-says-theres-no-point-crying-726807.

9. Higgins, Stan. "The ICO Boxing Champ Floyd Mayweather Promoted Has Raised $30 Million Already." CoinDesk. Updated August 4, 2017. https://www.coindesk.com/ico-boxing-champ-floyd-mayweather-promoted-raised-30-million-already.

10. Hinchcliffe, Emma. "10,000 Bitcoin Bought 2 Pizzas in 2010—And Now It'd Be Worth $20 Million." Mashable, May 23, 2017. https://mashable.com/2017/05/23/bitcoin-pizza-day-20-million/#bMB2eoJdBmqs.

11. Marr, Bernard. "23 Fascinating Bitcoin and Blockchain Quotes Everyone Should Read." Forbes, August 15, 2018. https://www.forbes.com/sites/bernardmarr/2018/08/15/23-fascinating-bitcoin-and-blockchain-quotes-everyone-should-read/#1e703a447e8a.

12. Marvin, Rob. "23 Weird, Gimmicky, Straight-Up Silly Cryptocurrencies." PC Review, February 6, 2018. https://www.pcmag.com/feature/358046/23-weird-gimmicky-straight-

up-silly-cryptocurrencies.

13. Montag, Ali. "Why Cameron Winklevoss Drives an 'Old SUV' Even Though the Twins Are Bitcoin Billionaires." CNBC, January 12, 2018. https://www.cnbc.com/2018/01/12/winklevoss-twins-are-bitcoin-billionaires-yet-one-drives-an-old-suv.html.

14. Nova, Annie. "Just 8% of Americans Are Invested in Cryptocurrencies, Survey Says." CNBC, March 16, 2018. https://www.cnbc.com/2018/03/16/why-just-8-percent-of-americans-are-invested-in-cryptocurrencies-.html.

15. Perlberg, Steven. "Bernanke: Bitcoin 'May Hold Long-Term Promise." BusinessInsider, Novemcryptocurrencies.

16. Montag, Ali. "Why Cameron Winklevoss Drives an 'Old SUV' Even Though the Twins Are Bitcoin Billionaires." CNBC, January 12, 2018. https://www.cnbc.com/2018/01/12/winklevoss-twins-are-bitcoin-billionaires-yet-one-drives-an-old-suv.html.

17. Nova, Annie. "Just 8% of Americans Are Invested in Cryptocurrencies, Survey Says." CNBC, March 16, 2018. https://www.cnbc.com/2018/03/16/why-just-8-percent-of-americans-are-invested-in-cryptocurrencies-.html.

18. Perlberg, Steven. "Bernanke: Bitcoin 'May Hold Long-Term Promise." Business Insider, November 18, 2013. https://www.businessinsider.com/ben-bernanke-on-bitcoin-2013-11.

19. Varshney, Neer. "Someone Paid $170,000 for the Most Expensive CryptoKitty Ever." The Next Web, September 5, 2018. https://thenextweb.com/hardfork/2018/09/05/most-expensive-cryptokitty.

20. Wizner, Ben. "Edward Snowden Explains Blockchain to His Lawyer—And the Rest of Us." ACLU, November 20, 2018. https://www.aclu.org/blog/privacy-technology/internet-privacy/edward-snowden-explains-blockchain-his-lawyer-and-rest-us.

8장

1. All Financial Matters. "The Rule of 72, 114, and 144." May 14, 2007. http://allfinancialmatters.com/2007/05/14/the-rule-of-72-114-and-144.

2. Buchanan, Mark. "Wealth Happens." Harvard Business Review, April 2002. https://hbr.org/2002/04/wealth-happens.

3. Buhr, Sarah. "10 Ridiculous Kickstarter Campaigns People Actually Supported." TechCrunch, accessed on March 2, 2019. https://techcrunch.com/gallery/10-ridiculous-kickstarter-campaigns-people-actually-supported.

4. Dieker, Nicole. "Billfold Book Review: Katrine Marcal's 'Who Cooked Adam Smith's Dinner?" The Billfold, June 6, 2016. https://www.thebillfold.com/2016/06/billfold-book-review-katrine-marcals-who-cooked-adam-smiths-dinner.

5. Godoy, Maria. "Ramen Noodles Are Now the Prison Currency of Choice." NPR, August 26, 2016. https://www.npr.org/sections/thesalt/2016/08/26/491236253/ramen-noodles-are-now-the-prison-currency-of-choice.

6. Gorlick, Adam. "Oprah Winfrey Addresses Stanford Class of 2008." Stanford News, June 15, 2008. https://news.stanford.edu/news/2008/june18/com-061808.html.

7. Haskin, Brian. "Brad Balter on the Confluence of Hedge Funds and Liquid Alts." Daily Alts. May 28, 2014. https://dailyalts.com/brad-balter-confluence-hedge-funds-liquid-alts.

8. Hellemann, John. "His American Dream." New York, Oct. 24, 2007. http://nymag.com/nymag/features/25015/.

9. Kelly, Kate. "Defying the Odds, Hedge Funds Bet Billions on Movies." Wall Street Journal. Updated April 29, 2006. https://www.wsj.com/articles/SB114627404745739525.

10. Lowrey, Annie. "Who Cooked Adam Smith's Dinner?" New York Times, June 10, 2016. https://www.nytimes.com/2016/06/12/books/review/who-cooked-adam-smiths-dinner-by-katrine-marcal.html.

11. McGinty, Jo Craven. "The Genius Behind Accounting Shortcut? It Wasn't Einstein." Wall Street Journal, June 16, 2017. https://www.wsj.com/articles/the-genius-behind-accounting-shortcut-it-wasnt-einstein-1497618000.

12. Mesch, Debra. "The Gender Gap in Charitable Giving." Wall Street Journal, Updated February 1, 2016. https://www.wsj.com/articles/the-gender-gap-in-charitable-giving-1454295689.

13. Nisen, Max. "They Finally Tested the 'Prisoner's Dilemma' on Actual Prisoners—And the Results Were Not What You Would Expect." Business Insider, July 21, 2013. https://www.businessinsider.com/prisoners-dilemma-in-real-life-2013-7.

14. Oey, Patty. "Fund Fee Study: Investors Saved More Than $4 Billion in 2017." Morningstar. May 11, 2018. https://www.morningstar.com/blog/2018/05/11/fund-fee-study.html.

15. Pesce, Nicole Lyn. "Why Women Are More Likely to Get Funded on Kickstarter." MarketWatch, May 12, 2018. https://www.marketwatch.com/story/why-women-are-more-likely-to-get-funded-on-kickstarter-2018-05-12.

16. Segal, Troy. "How to Invest in Movies." Investopedia. Updated February 19, 2018. https://www.investopedia.com/financial-edge/0512/how-to-invest-in-movies.aspx.

17. Thompson, Nicholas. "How Cold War Game Theory Can Resolve the Shutdown." The New Yorker, October 7, 2013. https://www.newyorker.com/news/news-desk/how-cold-war-game-theory-can-resolve-the-shutdown.

18. Winton. "Shining a Light on Currency Black Markets." December 13, 2018. https://www.winton.com/longer-view/currency-black-market-exchange-rates.

19. Wolfson, Alisa. "Why Women Give So Much More to Charity than Men." MarketWatch, October 26, 2018. https://www.marketwatch.com/story/why-women-give-so-much-more-to-charity-than-men-2018-10-26.

11장

1. Del Rey, Jason. "The Rise of Giant Consumer Startups That Said No to Investor Money." Recode, August 29, 2018. https://www.recode.net/2018/8/29/17774878/consumer-startups-business-model-native-mvmt-tuft-needle.

2. Desjardins, Jeff. "These 5 Companies All Started in a Garage, and Are Now Worth Billions of Dollars Apiece." Business Insider, June 29, 2016. https://www.businessinsider.com/billion-dollar-companies-started-in-garage-2016-6.

3. Economy, Peter. "17 Powerfully Inspiring Quotes from Southwest Airlines Founder Herb Kelleher." Inc., January 4, 2019. https://www.inc.com/peter-economy/17-powerfully-inspiring-quotes-from-southwest-airlines-founder-herb-kelleher.html.

4. Farr, Christina. "Inside Silicon Valley's Culture of Spin." Fast Company, May 16, 2016. https://www.fastcompany.com/3059761/inside-silicon-valleys-culture-of-spin.

5. Gaskins, Jr., Tony A. "The Dream Chaser: If You Don't Build Your Dream, Someone Will Hire You to Build Theirs." New Jersey: Wiley, 2016.

6. Guinness Book of World Records. "Most Patents Credited as Inventor." Accessed on March 2, 2019. http://www.guinnessworldrecords.com/world-records/most-patents-held-by-a-person.

7. Hendricks, Drew. "6 $25 Billion Companies That Started in a Garage." Inc., July 24, 2014. https://www.inc.com/drew-hendricks/6-25-billion-companies-that-started-in-a-garage.html.

8. Huet, Ellen. "Silicon Valley's $400 Juicer May Be Feeling the Squeeze." Bloomberg, April

19, 2017. https://www.bloomberg.com/news/features/2017-04-19/silicon-valley-s-400-juicer-may-be-feeling-the-squeeze.

9. Walker, Tim. "The Big Ideas That Started on a Napkin—From Reaganomics to Shark Week." Guardian, April 10, 2017. https://www.theguardian.com/us-news/shortcuts/2017/apr/10/napkin-ideas-mri-reaganomics-shark-week.

10. Zipkin, Nina. "20 Facts About the World's Billion-Dollar Startups." Entrepreneur, January 27, 2017. https://www.entrepreneur.com/article/288420.

**1일 1장
뽑아 쓰는
냅킨 경제학**

초판 발행 · 2022년 2월 18일
초판 4쇄 발행 · 2025년 2월 21일

지은이 · 티나 헤이
옮긴이 · 김고명
발행인 · 이종원
발행처 · (주)도서출판 길벗
브랜드 · 더퀘스트
출판사 등록일 · 1990년 12월 24일
주소 · 서울시 마포구 월드컵로 10길 56 (서교동)
대표전화 · 02) 332-0931 | 팩스 · 02) 323-0586
홈페이지 · www.gilbut.co.kr | 이메일 · gilbut@gilbut.co.kr

기획 및 책임편집 · 오수영 (cookie@gilbut.co.kr), 유예진, 송은경
제작 · 이준호, 손일순, 이진혁 | **마케팅** · 정경원, 정지연, 이지원, 이지현 | **유통혁신** · 한준희
영업관리 · 김명자 | **독자지원** · 윤정아

교정 · 공순례 | **디자인** · 디스커버 | **CTP 출력 및 인쇄** · 정민 | **제본** · 정민

· 더퀘스트는 (주)도서출판 길벗의 인문교양·비즈니스 단행본 브랜드입니다.
· 이 책은 저작권법의 보호를 받는 저작물로 이 책에 실린 모든 내용, 디자인, 이미지, 편집 구성은
  허락 없이 복제하거나 다른 매체에 옮겨 실을 수 없습니다.
· 인공지능(AI) 기술 또는 시스템을 훈련하기 위해 이 책의 전체 내용은 물론 일부 문장도 사용하는 것을 금지합니다.
· 잘못 만든 책은 구입한 서점에서 바꿔 드립니다.

ISBN 979-11-6521-873-7 (03320)
(길벗 도서번호 090138)

정가 16,500원

독자의 1초까지 아껴주는 정성 길벗출판사
(주)도서출판 길벗 | IT단행본, 성인어학, 교과서, 수험서, 경제경영, 교양, 자녀교육, 취미실용 www.gilbut.co.kr
길벗스쿨 | 국어학습, 수학학습, 주니어어학, 어린이단행본, 학습단행본 www.gilbutschool.co.kr
인스타그램 · thequest_book | **페이스북** · thequestzigi | **네이버포스트** · thequestbook